Grammatik
KEIN PROBLEM

ÜBUNGSGRAMMATIK
FRANZÖSISCH

von
Micheline Funke
sowie Annette Runge

unter Mitarbeit der Verlagsredaktion

scook

Ihre **interaktiven Übungen** finden Sie hier:

1. Melden Sie sich auf scook.de/eb an.
2. Geben Sie den unten stehenden Zugangscode in die Box ein.
3. Haben Sie viel Spaß mit den interaktiven Übungen.

Ihr Zugangscode auf
www.scook.de/eb

Die Nutzungsdauer für die Online-Übungen beträgt nach Aktivierung des Zugangscodes zwei Jahre. In dieser Zeit speichern wir ihre Lernstandsdaten für sie; nach Ablauf der Nutzungsdauer werden sie gelöscht.

8m69b-uw4us

Cornelsen

Grammatik
KEIN PROBLEM

Verfasser/innen:	Micheline Funke, Annette Runge (interaktive Online-Übungen)
Redaktion:	Gary S. Helft
Projektleitung:	Sinéad Butler, Rebecca Syme
Redaktionelle Mitarbeit:	Heide Böttger, Geneviève Lohr, Franziska Pannhorst, Laura Varriale, Christina Wurst, Lena Posingies
Umschlaggestaltung:	finedesign, Berlin
Layout und technische Umsetzung:	Stephan Hilleckenbach, Berlin; Oxana Rödel, Absatz DTP-Service, Teltow
Umschlaggestaltung:	finedesign, Berlin
Illustrationen:	Christian Bartz

Bildquellen: S. 11: Fotolia, (c) Kzenon; S. 33: Fotolia, (c) Sergii Figurnyi

www.cornelsen.de

Die Webseiten Dritter, deren Internetadressen in diesem Lehrwerk angegeben sind, wurden vor Drucklegung sorgfältig geprüft. Der Verlag übernimmt keine Gewähr für die Aktualität und den Inhalt dieser Seiten oder solcher, die mit ihnen verlinkt sind.

1. Auflage, 5. Druck 2021

Alle Drucke dieser Auflage sind inhaltlich unverändert und können im Unterricht nebeneinander verwendet werden.

Druck und Bindung: Livonia Print, Riga

ISBN 978-3-061-21535-4

PEFC
PEFC/12-31-006

PEFC zertifiziert
Dieses Produkt stammt aus nachhaltig bewirtschafteten Wäldern und kontrollierten Quellen.
www.pefc.de

Grammatik flexibel lernen, üben und wiederholen

Französische Grammatik – kein Problem ist eine Übungsgrammatik, mit der die wichtigsten Strukturen der französischen Grundgrammatik gelernt, geübt und gefestigt werden können. Das Buch ist speziell auf die Bedürfnisse deutschsprachiger Lernenden ausgerichtet und geht auf typische Fehler ein, wie sie immer wieder bei deutschen Muttersprachlern auftauchen.

Inhalt und Aufbau

Grammatik – kein Problem enthält 40 Lektionen, die alle wichtigen Bereiche der französischen Grundgrammatik abdecken. Jede Lektion ist als übersichtliche Doppelseite angelegt – links finden sich Definitionen, Erklärungen und Beispiele und auf der rechten Seite die passenden Übungen dazu.

Jede linke Seite beginnt mit einem Dialog, der Beispiele der zu übenden Grammatikstrukturen im Kontext zeigt. Danach folgen ausführliche Erläuterung auf Deutsch zum Gebrauch der Struktur mit vielen Beispielsätzen. Das Symbol ! weist auf besondere Fehlerquellen hin und am Fuß der Seite wird unter **Das Wichtigste in Kürze** noch einmal alles zusammengefasst.

Auf der rechten Seite finden Sie abwechslungsreiche Übungen, die Ihnen die Gelegenheit geben, das zuvor Gelernte/Wiederholte möglichst effektiv anzuwenden.

Als Orientierungshilfe dient Ihnen dabei das Symbol mit der Fahne. Die Stufen **A1**, **A2** bzw. **B1** markieren den Schwierigkeitsgrad der Übungen und verorten diese auf der Skala des Gemeinsamen Europäischen Referenzrahmens für Sprachen. Dadurch wird das Lernen und Ihr Sprachniveau für Sie noch transparenter.

Interaktive Online-Übungen: Zu jeder Lektion finden Sie unter www.scook.de passende interaktive Online-Übungen, mit denen Sie das Gelernte zusätzlich überprüfen können. Hierzu müssen Sie nur den Code auf dem Innentitel auf www.scook.de eingeben.

Der Lösungsschlüssel im Anhang hilft Ihnen, Ihre Antworten zu überprüfen.

Nach einem oder mehreren Übungsabschnitten finden Sie thematisch passende Tests, mit denen Sie Ihren Lernerfolg kontrollieren können. Der Anhang bietet Ihnen weitere Hilfen (siehe Inhaltsverzeichnis auf den Seiten 4 und 5). Ab Seite 114 finden Sie eine Übersicht einiger der wichtigsten Verben.

Die Arbeit mit dem Buch

Grammatik – kein Problem können Sie flexibel entsprechend Ihrer eigenen Lernziele einsetzen. Die Lektionen müssen nicht der Reihe nach durchgearbeitet werden, sondern Sie können sich ihre eigenen Schwerpunkte setzen. In den einzelnen Lektionen finden Sie Hinweise auf andere Kapitel, in denen ähnliche oder weiterführende Themen behandelt werden.

- Im Inhaltsverzeichnis können Sie sich orientieren und das Thema bestimmen, das Sie bearbeiten wollen.
- Schauen Sie sich die Dialoge und die Beispielsätze an und vergegenwärtigen Sie sich die Grammatik.
- Die deutschen Erklärungen und Beispielsätze ermöglichen Ihnen, die jeweilige Grammatik Schritt für Schritt zu verstehen und anhand der Übungen sofort selbst anzuwenden.
- Sie können Ihre Lösungen mit Hilfe des Lösungsschlüssels im Anhang überprüfen.
- Sie haben den Eindruck, dass alles „sitzt"? Dann fordern Sie sich heraus und kontrollieren Sie Ihren Lernerfolg mit dem entsprechenden *bilan* – Test.
- Als zusätzliche Hilfestellung finden Sie im Anhang eine benutzerfreundliche Übersicht über die Verbformen, die beim Erlernen der französischen Sprache eine besondere Herausforderung darstellen.

Wir wünschen Ihnen viel Erfolg!

Autoren und Redaktion

INHALT

1 Das Substantiv
Le Substantif

Allez les Bleus !

Le petit Nicolas !

L'Hexagone, c'est la France !

Männliche und weibliche Formen

- Im Französischen gibt es männliche und weibliche Substantive, aber kein Neutrum. Prinzipiell gilt die Kleinschreibung, nur Eigennamen werden groß geschrieben!
- Das Substantiv steht in der Regel mit einem Begleiter, z. B. mit einem Artikel. Das Geschlecht der Substantive sollte man bei neuen Vokabeln gleich lernen, weil es ziemlich oft anders ist als im Deutschen.
  le banc *die Sitzbank* la lune *der Mond* le soleil *die Sonne*
- In der Regel sind die weiblichen Substantive am Wortende mit einem -e gekennzeichnet.
  l'amie *die Freundin* l'ami *der Freund*
- Bei Substantiven mit den Endungen -aire und -iste ist das Geschlecht nur am Artikel erkennbar, da die männlichen und die weiblichen Formen gleich sind.
  le secrétaire *der Sekretär* la secrétaire *die Sekretärin*
  le journaliste *der Jounalist* la journaliste *die Journalistin*
- Bei einigen Berufen gibt es nur eine männliche Berufsbezeichnung.
  le médecin *der Arzt bzw. die Ärztin*
  Die Zuordnung wird häufig auch durch unterschiedliche Endungen deutlich.

-er	le boulanger	-ère	la boulangère
-eur	le vendeur	-euse	la vendeuse
-ien	le gardien	-ienne	la gardienne
-ier	le cuisinier	-ière	la cuisinière
-teur	le directeur	-trice	la directrice
-ant	le commerçant	-ante	la commerçante

Bildung der Mehrzahl

- In der Regel bekommen die Substantive am Wortende ein -s. Dieses -s ist nicht hörbar.
  le train *der Zug* les trains *die Züge* la tour *der Turm* les tours *die Türme*
- Substantive, die in der Einzahl auf -x, -z oder -s enden, bleiben in der Mehrzahl unverändert.
  le prix *der Preis* les prix *die Preise*
  le nez *die Nase* les nez *die Nasen*
  le gris *der Grauton* les gris *die Grautöne*
- Substantive mit folgenden Endungen haben eine abweichende Mehrzahlbildung auf -x. Dieses -x ist nicht hörbar.

Einzahl		Mehrzahl	
-al	le journal	-aux	les journaux
-ail	le travail	-aux	les travaux
-eau	le cadeau	-eaux	les cadeaux
-eu	le neveu	-eux	les neveux
-ou	le bijou	-oux	les bijoux

- Sonderformen:
  monsieur messieurs madame mesdames mademoiselle mesdemoiselles

Das Wichtigste in Kürze

- Alle Substantive sind männlich oder weiblich. Die französische Sprache kennt kein Neutrum.
- Das Substantiv steht in der Regel mit einem Begleiter.

A1 A Verbinden Sie die männlichen und weiblichen Berufsbezeichnungen.

1	☐ le coiffeur	A	l'actrice
2	☐ le boulanger	B	la pharmacienne
3	☐ le vendeur	C	l'employée
4	☐ le cuisinier	D	la coiffeuse
5	☐ le pharmacien	E	la boulangère
6	☐ l'acteur	F	la photographe
7	☐ le photographe	G	la cuisinière
8	☐ l' employé	H	la vendeuse

A1 B Fügen Sie den richtigen Artikel in der Einzahl ein.

1 les photos ...... photo *(w)*
2 les fruits ...... fruit *(m)*
3 les livres ...... livre *(m)*
4 les prix ...... prix *(m)*
5 les voitures ...... voiture *(w)*
6 les hôpitaux ...... hôpital *(m)*
7 les serveurs ...... serveur *(m)*
8 les hôtels ...... hôtel *(m)*
9 les salades ...... salade *(w)*
10 les cadeaux ...... cadeau *(m)*
11 les numéros ...... numéro *(m)*
12 les amis ...... ami *(m)*

A2 C Bilden Sie die fehlende Form der Substantive.

1	l' infirmier *(Krankenpfleger)*	l' ....
2	l'	l'actrice *(Schauspielerin)*
3	le gardien *(Aufseher)*	la ....
4	le	la directrice *(Leiterin)*
5	le caissier *(Kassierer)*	la ....
6	l'	l' agricultrice *(Landwirtin)*
7	le journaliste *(Journalist)*	la ....
8	l'	l'informaticienne *(Informatikerin)*
9	le vendeur *(Verkäufer)*	la ....

A2 D Fügen Sie die richtige Mehrzahl ein.

1 le prix les ....
2 le neveu les ....
3 le journal les ....
4 le gâteau les ....
5 le choix les ....
6 le nez les ....
7 le bureau les ....
8 le chou les ....
9 le jeu les ....
10 le cadeau les ....
11 le gris les ....
12 le chapeau les ....

2 Der bestimmte und der unbestimmte Artikel

L'article défini et indéfini

La Suisse est le pays du chocolat. *La France est le pays des fromages.*

Der bestimmte Artikel: le / la / l' / les

Einzahl männlich	Einzahl weiblich	Mehrzahl	
le restaurant	la voiture	les restaurants	les voitures
l'arbre	l'école	les arbres	les écoles
l'hôtel	l'orange	les hôtels	les oranges

- **le und la werden vor Substantiven, die mit einem Vokal oder stummen h beginnen, zu l' apostrophiert.**
- Genus von Wortgruppen
  Es gibt keine allgemeine Regel, aber feste Hinweise! Männlich sind Farben, Himmelsrichtungen, Wochentage, Sprachen und Bäume. Weiblich sind viele Länder, Flüsse und viele Wissenschaften.
  le rouge *rot* le nord *der Norden* le mardi *Dienstag* le français *Französisch*
  le pommier *der Apfelbaum*

  la Loire, la Seine *aber* le Rhône *die Rhone*, le Danube *die Donau* la chimie *die Chemie*
- Bezeichnung einer Kategorie
  Anders als im Deutschen wird im Französischen der bestimmte Artikel nach einer Kategorie eingesetzt.
  J'aime le vin rouge. *Ich mag Rotwein.* J'aime la musique classique. *Ich mag klassische Musik.*
  J'aime les fruits exotiques. *Ich mag exotische Früchte.*
- Genus der Länder
  In der Regel steht vor Ländernamen der bestimmte Artikel. Länder mit der Endung -e sind meist weiblich. Enden sie auf einen Konsonanten oder einen anderen Vokal als -e, sind sie meist männlich.
  l'Allemagne *Deutschland* la France *Frankreich* le Danemark *Dänemark*
  l'Angleterre *England* la Suisse *Schweiz* le Portugal *Portugal*
  la Belgique *Belgien* le Brésil *Brasilien* les États-Unis *USA*
  l'Europe *Europa* le Canada *Kanada*
  Bei Inseln gibt es keine feste Regel, also muss man das Genus auswendig lernen.
  la Corse *Korsika* les Baléares *die Balearen* aber Cuba, Tahiti (ohne Artikel) *Kuba, Tahiti*
- **Mit den Präpositionen à und de ziehen sich die bestimmten Artikel le und les jeweils zu einer Form zusammen.**

à + le ▸ au	Je vais au cinéma ce soir.	de + le ▸ du	Elle rentre du bureau à 6 heures.
à + les ▸ aux	Je donne mes clés aux voisins.	de + les ▸ des	Il revient des États-Unis demain.

Der unbestimmte Artikel: un / une / des

Einzahl männlich	Einzahl weiblich	Mehrzahl	
un restaurant	une voiture	des restaurants	des voitures
un musée	une clinique	des musées	des cliniques

Im Französischen ist des die Mehrzahlform von un (männlich / Einzahl) und von une (weiblich / Einzahl).
Im Deutschen wird des nicht übersetzt.
Je cherche un numéro de téléphone. *Ich suche eine Telefonnummer.*
Je cherche des numéros de téléphone. *Ich suche Telefonnummern.*

Das Wichtigste in Kürze
- **Im Unterschied zum Deutschen begleitet in der Regel der bestimmte Artikel die Ländernamen.**
- **Mit den Präpositionen à und de ziehen sich le und les jeweils zu au / aux / du / des zusammen.**
- **Im Deutschen wird des (Mehrzahl von un / une) nicht übersetzt.**

A1 A Ergänzen Sie den Text mit dem bestimmten Artikel.

1 Tu connais .... Finlande ? Oui, j'adore .... capitale, Helsinki.

2 Elles partent pour .... Portugal.

3 .... Japon est .... pays des sushis.

4 Quelle est votre région préférée ? .... Bretagne.

5 Quel est le fleuve le plus long d'Europe ? C'est .... Danube.

6 Vous connaissez .... Afrique ? Pas du tout!

7 .... Belgique a une monarchie constitutionnelle.

8 .... Baléares restent très appréciées des touristes.

9 .... Europe compte actuellement combien de pays ?

10 .... Tahiti est célèbre pour ses plages et sa culture.

11 Pendant la saison .... restaurants sont ouverts jusqu'à 23 heures.

12 J'aime .... musique classique et .... opéra.

A1 B Setzen Sie un, une oder des ein.

1 Tu as .... voiture ? Non, j'ai .... vélo.

2 J'ai .... rendez-vous à la banque à 3 heures.

3 À midi il mange .... salade, ... sandwichs et il boit .... bière.

4 Elle a .... visa pour les États-Unis?

5 Je travaille dans .... école de langues.

6 Nous cherchons .... appartement à Paris.

7 J'ai réservé .... chambre dans .... hôtel.

8 Monsieur et Madame Gaillard sont .... voisins sympas. Je les aime bien.

9 À Chartres, il y a .... cathédrale célèbre.

10 Elle a fait .... crêpes pour les enfants.

A2 C Fügen Sie au, aux, du oder des ein

1 Nous allons deux fois par semaine .... cinéma.

2 Il se souvient ...... Portugal, un pays magnifique.

3 Elle a répondu .... questions de la journaliste.

4 Ils sont rentrés .... États-Unis hier.

5 À quelle heure est-ce que tu rentres ..... bureau ?

6 Cette année, je pars en vacances .... Baléares.

7 Vous venez avec nous .... Festival d'Avignon ?

8 Elle est revenue malade .... Philippines.

A2 D Schreiben Sie eine E-Mail. Wählen Sie den richtigen Artikel.

Cher Benjamin,

Merci pour ......[1] photos ! Elles sont très belles. J'organise ......[2] grande fête à ......[3] campagne chez mes parents. ....[4] fête, c'est pour ....[5] week-end de Pâques *[Ostern]* !
Tu es invité bien sûr, tu as ....[6] bus ? Viens donc avec ....[7] amis ! J'ai ....[8] nouveau *[neu]* numéro de portable *(Handynummer)*, c'est ....[9] 01602199723. À bientôt !

Bises

Anouk

3 *haben, sein* und *gehen* im Präsens
être, avoir et *aller* au présent

A : Monsieur Roulleau, c'est vous ? B : Oui, c'est moi ! Et vous, vous êtes ...
A : Moi, c'est Ducroix, Gilles Ducroix. B : Vous allez aussi à la réunion à 11 heures ?
A : Non désolé, j'ai rendez-vous avec un client à 11 heures !

Die Konjugationen

- être *sein*

je suis	libre	je ne suis pas	libre
tu es	libre	tu n'es pas	libre
il/elle/on est	libre(s)	il/elle/on n'est pas	libre(s)
nous sommes	libres	nous ne sommes pas	libres
vous êtes	libre(s)	vous n'êtes pas	libre(s)
ils/elles sont	libres	ils/elles ne sont pas	libres

- avoir *haben*

j'ai		je n'ai pas	
tu as		tu n'as pas	
il/elle/on a	rendez-vous	il/elle/on n'a pas	rendez-vous
nous avons		nous n'avons pas	
vous avez		vous n'avez pas	
ils/elles ont		ils/elles n'ont pas	

!

Ils ont [ilzõ] une voiture. Ils sont [ilsõ] à Paris.
Elles ont [ɛlzõ] un jardin. Elles sont [ɛlsõ] allemandes.

- aller (+à) *gehen, fahren*

je vais		je ne vais pas	
tu vas		tu ne vas pas	
il/elle/on va	à la réunion	il/elle/on ne va pas	à la réunion
nous allons		nous n'allons pas	
vous allez		vous n'allez pas	
ils/elles vont		ils/elles ne vont pas	

- **Anders als im Deutschen besteht die Verneinung im Französischen aus *zwei* Elementen:** ne ... pas
  Steht ne **vor einem Vokal oder stummem** h**, so wird es zu** n'. n'est pas n'ont pas n'habite pas

Der Unterschied: Il y a oder C'est ... / Ce sont ...

- Il y a ... *es gibt ... es ist ... da, es sind ...*
  Il y a 50 kilomètres d'ici à Lille. *Es sind fünfzig Kilometer von hier bis Lille.*
  Il y a des gens qui aiment faire la queue. *Es gibt Leute, die gerne Schlange stehen.*
  Qu'est-ce qu'il y a à la télé ? *Was gibt es im Fernsehen?*

- C'est ... *bzw.* ce sont ... *es ist, das ist ... es sind ...*
  Jean ? C'est un vieil ami. *Jean ? Das ist ein alter Freund.*
  C'est qui sur la photo ? Ce sont mes parents. *Wer ist da auf dem Bild? Das sind meine Eltern.*
  Il est médecin, c'est un excellent chirurgien. *Er ist Mediziner, er ist ein hervorragender Chirurg.*

  C'est ... Ce sont ... leiten eine persönliche Angabe über Identität, Beruf, Persönlichkeit ein.

>

Das Wichtigste in Kürze
- **Bitte bei der *liaison* aufpassen! Ils sont ..., Ils ont ...**
- **Bitte nicht il y a mit c'est / ce sont verwechseln!**

A1 **A Setzen Sie die richtigen Formen von être ein.**

1 Elle .... étudiante en médecine.

2 Où .... les toilettes, s'il vous plaît ?

3 Il .... déjà 2 heures, je .... en retard.

4 Tu .... au bureau jusqu'à quelle heure ? Jusqu'à 6 heures.

5 Nous .... quel jour aujourd'hui ? Vendredi.

6 Je .... sur la photo, le petit blond avec les cheveux frisés, c'...................... moi.

B Setzen Sie die richtigen Formen von avoir ein.

1 Il .... déjà trente-cinq ans.

2 Tu .... encore des vacances, quelle chance !

3 Je (ne ... pas) .... le temps d'aller à la réunion.

4 Nous .... un problème avec la banque.

5 Elles .... rendez-vous chez le notaire.

6 Excusez-moi, vous .... l'heure, s'il vous plaît ?

A1 **C Setzen Sie die richtigen Formen von aller ein.**

1 Comment .... -vous ?

2 Tu .... souvent à Bruxelles ?

3 Ils .... chez quel coiffeur ?

4 Elle .... au lycée en métro.

5 Je .... au concert samedi soir.

6 Nous .... en Norvège cette année.

A2 **D Setzen Sie avoir, être oder aller im Text ein.**

Chère Elise, cher Yvon,
Nous ....[1] encore à Marseille, mais demain
nous ....[2] à Avignon en voiture. Notre
amie Sophie ....[3] des billets pour le Festival de
théâtre. À Avignon nous ....[4] les clés du studio
de Catherine, Catherine ....[5] en vacances
jusqu' au deux mai. On ....[6] une vue superbe
sur le Palais des Papes depuis la terrasse. À bientôt ! Bises !
Julie et Christophe

A2 **E Bilden Sie negative Antworten nach dem folgenden Muster:**
être Vous êtes ingénieur? Non, je ne suis pas ingénieur.

1 *avoir* Tu .... faim ? Non, je .... faim.

2 *être* Vous .... anglaise ? Non, je .... anglaise.

3 *aller* Vous .... à Londres ce week-end ? Non, nous ....
à Londres ce week-end.

4 *avoir* Il .... la grippe ? Non, il .... la grippe.

5 *aller* Elle .... au lycée international ? Non, elle ....
au lycée international.

4 Die Personalpronomen

Les pronoms personnels

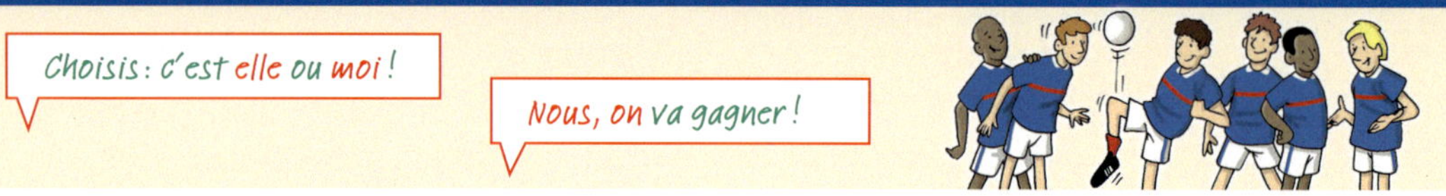

Die unbetonten Personalpronomen

Diese Personalpronomen werden immer mit einem konjugierten Verb verwendet.
Vous êtes journaliste ? Oui, je suis correspondant. *Sind Sie Journalist? Ja, ich bin Korrespondent.*

	Singular						Plural			
1. Person	je / j'	*ich*					nous	*wir*		
2. Person	tu	*du*					vous	*ihr, Sie*		
3. Person	il	*er*	elle	*sie*	on	*man/ wir*	ils	*sie*	elles	*sie*

- **Vor Vokalen (a, e, i, o, u) und stummem h wird je zu j'.**
  J'ai deux enfants. *Ich habe zwei Kinder.* J'habite à Lyon. *Ich wohne in Lyon.*
- **Vous ist gleichzeitig die Pluralform von tu *und* die Höflichkeitsform im Singular und im Plural.**
  Vous venez nous voir ce week-end ? *Kommen Sie / Kommt Ihr uns am Wochenende besuchen?*
- **Il ist auch ein unpersönliches Pronomen.**
  Il est quatre heures. *Es ist vier Uhr.* Il fait froid. *Es ist kalt.*
- **Die dritte Person hat zwei Pluralformen je nach Subjekt:**
  Elles s'appellent **Virginie et Lucie**. *(nur weiblich)* Ils s'appellent **Cédric et Anouk**. *(gemischt)*
- **In der gesprochenen Sprache benutzt man oft on statt nous.** Qu'est-ce qu'on fait ? *Was machen wir?*

Die betonten Personalpronomen

Die betonten Personalpronomen werden immer alleinstehend verwendet, d. h. ohne konjugiertes Verb.
Für diese Formen gibt es im Deutschen keine Entsprechung.
Alors toi, tu es encore en retard ! *Na Du* (auf Deutsch betont), *du bist schon wieder zu spät!*

	Singular				Plural			
1. Person	moi	*ich*			nous	*wir*		
2. Person	toi	*du*			vous	*ihr, Sie*		
3. Person	il	*er*	elle	*sie*	eux	*sie*	elles	*sie*
	soi	*sich (selbst)*						

- **soi wird in Bezug auf ein unbestimmtes Subjekt verwendet.** Chacun pour soi ! *Jeder für sich!*
- **Die dritte Person hat auch *zwei Pluralformen*, je nach Subjekt.**
  Elles, elles s'appellent **Léa et Marie**. *(nur weiblich)* Eux, ils s'appellent **Delphine et Patrick**. *(gemischt)*
- **Ein betontes Personalpronomen mit c'est ... / ce sont ... führt zur Hervorhebung des Subjekts.**
  Qui est à l'appareil ? C'est moi, Paul ! *Wer ist da? Ich bin's, Paul.*
  Les touristes ? Ce sont eux qui veulent venir. *Die Touristen? Sie sind es doch, die kommen wollen.*
- **nach einer Präposition**
  Ce sac, c'est à moi ! *Die Tasche, die gehört mir!* Les fleurs, c'est pour nous ? *Sind die Blumen für uns?*
- **bei bejahter Form des Imperativs**
  Envoie-moi un mail avec ton adresse, s'il te plaît ! *Schicke mir bitte eine E-Mail mit deiner Adresse!*

Das Wichtigste in Kürze
- **Im Deutschen gibt es keine eigenen Formen, die den betonten Personalpronomen entsprechen.**
- **Nach C'est ... *bzw.* Ce sont ... werden immer die betonten Personalpronomen verwendet!**

A1 **A** **Setzen Sie die richtigen betonten Personalpronomen ein.**

1 Julie va en vacances en Corse, je vais partir avec ....

2 Pardon madame, il est à .... ce chien ? Non, il n'est pas à ....

3 C'est qui cet homme en gris ? C'est le traducteur. Ah bon, et à côté de .... ? Je ne sais pas !

4 Marie et Léa ne sont pas là ! Tant pis, on commence sans ....

5 Tu téléphones aux parents ? À cette heure-là, ils ne sont jamais chez ....

6 Où es-tu ? Il y a un coup de téléphone pour ....

A2 **B** **Bringen Sie den Dialog in die richtige Reihenfolge.**

1 Moi, je suis Jacques Bignet, le responsable du marketing.

2 Je suis là depuis un quart d'heure. La réunion commence à quelle heure ?

3 D'accord, la place à côté de vous est encore libre ?

4 Proposition : il est déjà 10 heures et demie. On commence sans eux ?

5 Normalement à 10 heures, mais il manque deux participants.

6 Moi, c'est Roulleau, Annick Roulleau, la secrétaire de direction, et vous ?

7 Oui, la place est libre, ma collègue est malade. Vous pouvez vous asseoir à côté de moi.

Antwort: ....

A2 **C** **Ergänzen Sie den Dialog mit den richtigen Pronomen.**

- Bonjour comment vas-..........[1] ?
- ★ Bien, merci. Et ....[2] ?
- ....[3] travailles toujours à la poste ?
- ★ Non, ...[4] travaille pour une agence de voyages. Et ....[5] ?
- Oh ...., ...[6] cherche un mi-temps à cause des enfants.
- ★ ....[7] ont quel âge maintenant ?
- Eh bien Sophie, ...[8] a cinq ans et Antoine ....[9], ...[10] a trois ans.
- ★ Déjà ! Depuis trois mois ....[11] habitons une maison avec un jardin.
  Viens donc chez ....[12] samedi avec ...., ...[13] fait une petite fête.
- D'accord, à samedi !

B1 **D** **Setzen Sie moi bzw. nous, vous in die Imperativsätze ein.**

1 On connaît bien le quartier, faites-.......... confiance !

2 Tu viens à ma fête d'anniversaire ? Oui, alors achète-.......... un cadeau utile !

3 Nous avons besoin d'une réponse pour les réparations ! Donnez-.......... une réponse avant la fin du mois, s'il vous plaît !

4 Je ne vais pas au concert, mais amusez-.......... bien !

5 Vous connaissez ce peintre ? J'aimerais bien le connaître. S'il vous plaît, présentez-.......... !

6 Vous êtes encore en retard, mais pourquoi ? Expliquez-.......... !

5 Die Verben auf *-er* im Präsens
Les verbes en *-er* au présent

A: Vous aimez la montagne?
B: Je préfère la mer!

A: Elle cède toujours à la tentation.
B: Elle achète tout sur Internet.

Regelmäßige Verben auf *-er*

- chercher *suchen*

je cherche
tu cherches
il/elle/on cherche
nous cherchons
vous cherchez
ils/elles cherchent

- **Bei nous und vous sowie beim Infinitiv -er (ausgesprochen wie ein geschlossenes e wie in thé) werden die Endungen -ons, -ez ausgesprochen.** Alle anderen Endungen mit stummem e, d. h. -e, -es und -ent, hört man nicht!
- **Vor Vokal und stummem h wird je zu j'.**
j'aime *ich liebe* j'habite *ich wohne*

Unregelmäßige Verben auf *-er*: Hauptformen

- **Weil man die Endung kaum hört, werden e und é vor einem stummen e zu è.**

- acheter *kaufen*

j'achète	nous achetons
tu achètes	vous achetez
il/elle/on achète	ils/elles achètent

Ebenso: peser *wiegen*, se lever *aufstehen*

- préférer *bevorzugen*

je préfère	nous préférons
tu préfères	vous préférez
il/elle/on préfère	ils/elles préfèrent

Ebenso: répéter *wiederholen*, céder *nachgeben*

- **Die Konsonanten l in appeler und t in jeter werden vor einem stummen e verdoppelt.**

- appeler *rufen*

j'appelle	nous appelons
tu appelles	vous appelez
il/elle/on appelle	ils/elles appellent

Ebenso: épeler *buchstabieren*

- jeter *wegwerfen*

je jette	nous jetons
tu jettes	vous jetez
il/elle/on jette	ils/elles jettent

Ebenso: projeter *planen*

- **Bei Verben auf -oyer wie employer *benutzen* oder -uyer wie essuyer *wischen*, wird das y in der 1., 2. und 3. Person Singular und in der 3. Person Plural vor einem stummen e zu i.**
- **Bei den Verben auf -ayer wie payer *bezahlen*, essayer *probieren*, wird meist das y in der 1., 2. und 3. Person Singular sowie in der 3. Person Plural zu i. Die Formen mit y gibt es jedoch auch.**

- envoyer *senden*

j'envoie	nous envoyons
tu envoies	vous envoyez
il/elle/on envoie	ils/elles envoient

- payer *zahlen*

je paie *oder* paye	nous payons
tu paies *oder* payes	vous payez
il/elle/on paie *oder* paye	ils/elles paient *oder* payent

- **Damit die Aussprache des Stammes gleich bleibt, wird bei Verben auf -cer das -c zu ç in der ersten Person Plural und bei Verben auf -ger das -g zu -ge in der 1. Person Plural.**

- commencer *anfangen*

je commence	nous commençons
tu commences	vous commencez
il/elle/on commence	ils/elles commencent

Ebenso: avancer *vorwärtskommen*

- manger *essen*

je mange	nous mangeons
tu manges	vous mangez
il/elle/on mange	Ils/elles mangent

Ebenso: voyager *reisen*

Das Wichtigste in Kürze

- Das Präsens ist die wichtigste Zeit in der Konjugation. Viele andere Zeiten leitet man vom Präsens ab.
- Eine erfreuliche Nachricht: Ca. 90 Prozent der französischen Verben enden auf -er und sind regelmäßig.

A1 **A** **Bilden Sie Sätze.**

1 un appartement / Elles / chercher / à Toulouse

....

2 trois billets / nous / acheter / le festival de musique d'Aix / pour

....

3 une / préférer/ on / payer / avec / carte de crédit

....

4 s'il vous plaît / deux chambres / un mail / envoyer / vous / à l'hôtel / pour réserver

....

5 la réunion de travail/ sans / nous / commencer / le directeur

....

6 polonais / ce nom / comment / épeler / tu / est-ce que

....

7 au déjeuner / une salade / et un sandwich / manger / nous / souvent

....

8 Sandrine / inviter / préférer / je / sans Serge

....

A2 **B** **Ergänzen Sie die Antworten mit der richtigen Verbform.**

1 Qu'est-ce que vous achetez sur Internet ?

Je *(acheter)* .... mes chaussures sur Internet.

2 Qu'est-ce que vous préférez comme moyen de transport ?

Moi, je *(préférer)* .... le train.

3 Sans indiscrétion, vous pesez combien ?

Actuellement, je *(peser)* .... 90 kilos !

4 Tu essaies combien de pulls avant de te décider ?

Un peu de patience, je *(essayer)* .... encore le pull rouge !

5 Qu'est-ce que vous employez comme huile pour la sauce ?

Je *(employer)* .... surtout de l'huile d'olive.

A2 **C** **Ergänzen Sie die Sätze mit der passenden Verbform.**

1 *(nettoyer)* Nous .... la salle de bain une fois par semaine.

2 *(essuyer)* Vous .... vos lunettes avec un produit spécial ?

3 *(voyager)* On a une valise pour deux ! Nous .... léger !

4 *(avancer)* Allô ? On est encore dans la queue. Nous .... très lentement.

5 *(rappeler)* Oui, d'accord, Monsieur Descroix vous .... cette après-midi.

6 *(projeter)* Les architectes .... de construire un musée de la BD [*Comics*] dans l'ancienne gare du Nord.

BILAN 1

Leçons 1 – 5

A1 A Setzen Sie le, la, l' oder les ein.

1 En Europe je connais .... Italie et .... Danemark.
2 Il apprend .... chinois en cours intensif.
3 Sylvie aime .... sports individuels et .... musique baroque.
4 J'aime .... cuisine italienne.
5 .... restaurants sont souvent fermés le lundi soir.
6 Vous aimez lire .... journal dans .... train ?
7 Vous connaissez .... musée du Louvre ?
8 Louise Durand est .... mère de Catherine.

Points ☐ / 8

A1 B Fügen Sie un, une oder des ein.

1 Tu as .... portable ?
2 J'ai .... collègue espagnole au bureau.
3 À midi elle mange souvent .... sandwichs.
4 Elle travaille dans .... école internationale.
5 On cherche .... maison à la campagne pour le week-end.
6 Monsieur et Madame Gaillard ont .... enfants sympas.
7 Le nom Dahlqvist, c'est .... nom suédois ?
8 Nous avons .... voiture japonaise.

Points ☐ / 8

A1 C Schreiben Sie die fehlende Berufsbezeichnung.

1	un ingénieur	A	une ....
2	un	B	une pharmacienne
3	un vendeur	C	une ....
4	un	D	une éducatrice
5	un dentiste	E	une ....
6	un	F	une informaticienne
7	un boucher	G	une ....
8	un	H	une cuisinière

Points ☐ / 8

A1 D Ergänzen Sie die Sätze mit avoir, être oder aller im Präsens.

1 Il .... triste.
2 Elle .... 30 ans.
3 Nous .... au cinéma ce soir.
4 Quel .... votre nom ?
5 Tu .... un travail intéressant ?
6 Elles .... encore en retard !
7 J'............... rendez-vous à 10 h.
8 Comment ....-vous ?
9 Vous .... quel âge ?
10 Tu .... encore étudiant ?
11 Nous .... fatigués.
12 Ils .... à Paris pour le week-end.
13 Sophie et Antoine .... des enfants ?
14 Tu .... un numéro de portable ?
15 Nous .... des collègues sympathiques.

Points ☐ /15

A2 E **Setzen Sie die richtigen betonten Personalpronomen ein.**

1 Sylvie et Annette vont en vacances en Bretagne, nous allons partir avec ....

2 Il est à toi ce journal ? Non, il n'est pas à ...., c'est le journal de Sabine.

3 Vous téléphonez à Marie ? Le soir, elle est souvent chez ....

4 C'est l'anniversaire de Jules, ce DVD, c'est un cadeau pour ....

5 Jacques et Paul ne sont pas là, on commence sans ....

6 Où es-tu ? Il y a un coup de téléphone pour ....

Points ☐ / 6

A2 F **Verbinden Sie die Fragen mit den passenden Antworten.**

1 ☐ Vous êtes Madame Roubille ?

2 ☐ Vous habitez à Berlin ?

3 ☐ Vous êtes psychologue ?

4 ☐ Vous parlez anglais ?

5 ☐ Vous avez des enfants ?

6 ☐ Vous allez souvent en France ?

A Oui, j'ai une petite fille d'un an.

B Non, je ne parle pas bien anglais.

C Je vais en France quatre fois par an.

D Oui, c'est moi, je m'appelle Amélie, Amélie Roubille.

E Oui, nous habitons à Berlin depuis trois ans.

F Non, je suis professeur de français au lycée international.

Points ☐ / 6

B1 G **Ergänzen Sie die Sätze mit der passenden Form im Präsens.**

1 Chaque année nous (*voyager*) .... avec les mêmes amis.

2 Qu'est-ce que tu (*acheter*) .... à Amélie pour son anniversaire ?

3 On (*préférer*) .... faire du camping au bord de la mer.

4 Les clients de l'hôtel (*payer*) .... en euros, pas en dollars.

5 Nous (*commencer*) .... le match de foot sans lui.

6 Tu (*appeler*) .... Sophie sur ton portable ?

7 Vous (*jeter*) .... les lettres de Paul ?

8 Elle (*envoyer*) .... de l'argent à Louise pour Noël.

9 Il (*peser*) .... combien ? 80 kilos.

10 Nous (*manger*) .... souvent des sandwichs à midi.

Points ☐ /10

B1 H **Setzen Sie die richtigen Pronomen in die Imperativsätze.**

1 Dites-........... comment vous épelez Strowniskov ?

2 Tu vas en Bretagne ? Alors achète-.............. un beau pull marin en laine !

3 Non, nous n'allons pas au concert, mais amusez-.............. bien !

4 Expliquez-.............. pourquoi le directeur n'est pas là, nous ne comprenons pas.

5 C'est un excellent ordinateur, faites-.............. confiance !

6 Je n'ai pas de monnaie pour le distributeur, donne-.............. un euro, s'il te plaît.

7 On veut faire un cours de tango, inscrivez-.............. pour le cours du week-end, merci.

Points ☐ / 7

6 Alle Fragesätze
Toutes les phrases interrogatives

Comment allez-vous ?

Vous arrivez à quelle heure ?

Est-ce que vous venez seul ?

Es gibt im Französischen drei Möglichkeiten, eine Frage zu stellen: Die Intonationsfrage und die Frage mit **est-ce que ...** in der gesprochenen Sprache sowie die Inversionsfrage in der Schriftsprache und in einigen Standardausdrücken.

Die Intonationsfrage

Die Intonationsfrage wird in der gesprochenen Sprache als Gesamtfrage sehr oft benutzt. Die Struktur des Aussagesatzes wird beibehalten, die Intonation der Stimme signalisiert die Frage. Das Fragewort kann ans Satzende gestellt werden.

Vous êtes étudiant en droit ? *Sind Sie Jurastudent?*

Tu travailles à la poste **depuis quand** ? *Seit wann arbeitest du bei der Post?*

Der Fragesatz mit est-ce que

Est-ce que vous allez souvent en France ? *Fahren Sie oft nach Frankreich?*

Quand est-ce qu'elle rentre de vacances ? *Wann kommt sie aus dem Urlaub zurück?*

Die Frage mit **est-ce que** ist immer richtig und gehört zur Standardsprache.

- **Est-ce que steht am Anfang eines Aussagesatzes und signalisiert einen Fragesatz.**
  Die Stellung der Satzelemente bleibt unverändert. Vor Vokal und stummem **h** wird **est-ce que** zu **est-ce qu'**. Wird eine gezielte Frage gestellt, so schiebt man das entsprechende Fragewort *vor* **est-ce que** ein.

- **Hier eine Liste einiger Fragewörter:**

à quelle heure *um wie viel Uhr*	**à qui** *wem*	**combien (de)** *wie viel*	**combien de temps** *wie lange*
comment *wie*	**depuis quand** *seit wann*	**d'où** *woher*	**où** *wo bzw. wohin*
pourquoi *warum*	**quand** *wann*	**qu'est-ce que** *was*	**qui** *wer*

Die Inversionsfrage

Aimez-vous les romans policiers ? *Mögen Sie Krimis?* Comment **va-t-il** ? *Wie geht es ihm?*

Où **va-t-on** ? *Wo gehen wir hin?* Madame Cordier **habite-t-elle** à Nîmes ? *Wohnt Frau Cordier in Nîmes?*

Die Inversionsfrage ist dem Deutschen ähnlich, darf im Französischen aber nicht systematisch benutzt werden. Sie wird, abgesehen von einigen festen Standardausdrücken, vorwiegend in der gehobenen Sprache und in der Schriftsprache verwendet.

Comment **allez-vous** ? *Wie geht es Ihnen?* Quelle heure **est-il** ? *Wie spät ist es?*

Bei der Inversionsfrage steht das Verb *vor* dem Subjekt. Das Verb und das Personalpronomen werden mit einem Bindestrich verbunden.

Bei Verben mit Vokalendung wird vor **il**, **elle**, **on** ein **t** eingeschoben. Die Fragewörter stehen hier am Anfang des Satzes.

Wenn das Subjekt nur aus einem Substantiv besteht, kann dieses Substantiv nicht hinter dem Verb stehen. Dann wird die Frage mit dem passenden Subjektpronomen formuliert.

Lucie peut-**elle** venir en Bretagne ? *Kann Lucie in die Bretagne kommen?*

Das Wichtigste in Kürze

- **Im Französischen gibt es mehrere Möglichkeiten, eine Frage zu stellen.**
- **Die Intonationsfrage und die Frage mit est-ce que ... gehören zur gesprochenen Sprache.**
- **Die Inversionsfrage wird oft in der Schriftsprache genutzt.**

A1 **A** **Bilden Sie die passenden Fragesätze.**

1 est-ce que / avez / chez / rendez-vous / le dentiste / quand / vous

....

2 la place des Vosges/ Madame Dubois / habite / à côté de / elle / -t-

....

3 vacances / pourquoi / est-ce que / travailles / tu / pendant / les

....

4 qu'est-ce que / aimez / comme / vous / apéritif

....

5 restez / à / combien de temps / Madrid / vous

....

A2 **B** **Bilden Sie Fragesätze, die sich auf die unterstrichenen Elemente beziehen.**

1 J'habite <u>à Paris</u>.

....

2 Moi, je suis <u>ingénieur</u>.

....

3 Nous avons rendez-vous <u>à 10 heures</u> au musée.

....

4 Le sac noir sur la table est <u>à Marie</u>.

....

5 Elle parle couramment <u>trois langues</u>.

....

6 Ils sont en vacances <u>du 2 mai au 30 mai</u>.

....

7 Nous apprenons le français <u>pour le plaisir</u>.

....

8 Monsieur Cordier est à la retraite <u>depuis un an</u>.

....

B1 **C** **Stellen Sie Fragen mit dem passenden Fragewort. Sie haben oft mehrere Möglichkeiten!**

à quelle heure • à qui • combien (de) • combien de temps • comment • depuis quand • d'où • où • pourquoi • quand • qu'est-ce que

1 arriver / à la gare / vous / samedi

....

2 tu / ne / aller / pas / au cours de yoga / lundi soir

....

3 durer / les études de médecine / en Allemagne

....

4 comme / desserts / préparer/ l'anniversaire de Léa / pour / elle

....

5 les formulaires / on / demander / pour l'inscription

....

6 vous / sur Internet / vos vols / réserver

....

7 Die Verneinung (in einfachen Zeiten)
La négation (dans les temps simples)

Non, je ne regrette rien ! Édith Piaf *Ne tirez pas sur le pianiste !* François Truffaut
Ne me quitte pas ! Jacques Brel

Die Verneinungspartikeln
Anders als im Deutschen besteht im Französischen die Verneinung meistens aus zwei Teilen, die das konjugierte Verb umschließen. Der erste Teil ist immer ne, der zweite variiert und kann erweitert werden. Beginnt das Verb mit einem Vokal oder einem stummen h, wird ne zu n'.

In der gesprochenen bzw. in der Umgangssprache wird ne oft weggelassen, in der Schriftsprache nicht.

ne ... pas	*nicht*	Elle n'est pas là.	*Sie ist nicht da.*
ne ... plus	*nicht mehr*	Je ne trouve plus la liste.	*Ich finde die Liste nicht mehr.*
ne ... jamais	*nie*	Il ne fait jamais de sport	*Er treibt nie Sport.*
ne ... rien	*nichts*	Elle ne mange rien.	*Sie isst nichts.*
ne ... personne	*niemand*	Je ne vois personne.	*Ich sehe niemanden.*
ne ... pas du tout	*überhaupt nicht*	Elle n'aime pas du tout la bière.	*Sie mag Bier überhaupt nicht.*
ne ... pas ... ni	*nicht ... auch nicht*	Je n'aime pas la montagne ni la mer.	*Ich mag die Berge nicht und das Meer auch nicht.*
ne ... ni ... ni	*weder ... noch*	Elle ne veut ni rester ni partir.	*Sie möchte weder bleiben noch weggehen.*
ne ... plus personne	*niemand mehr*	Il ne connaît plus personne.	*Er kennt niemanden mehr.*

Der verneinte Satz

- **Die Verneinungspartikeln umschließen in den einfachen Zeiten, im Imperativ und bei Infinitivkonstruktionen das konjugierte Verb.**
  Tu ne dis rien ? *Sagst du nichts?* Ne fumez pas en mangeant ! *Rauchen Sie nicht beim Essen!*
  Elle n'aime pas voyager. *Sie reist nicht gerne.*
  Bei ne ... personne steht personne nach dem Infinitiv.
  Elle ne veut voir personne. *Sie will niemanden sehen.*

- **In verneinten Sätzen umschließt die Verneinung die Gruppe aus Pronomen und Verb.**
  Je ne le connais pas bien. *Ich kenne ihn nicht gut.* Je n'en sais rien. *Ich weiß nichts davon.*
  Il ne lui dit pas toute la vérité. *Er sagt ihr nicht die ganze Wahrheit.*
  Ne me téléphone plus à minuit ! *Rufe mich nicht mehr um Mitternacht an!*
  Il ne nous demande jamais notre avis. *Er fragt uns nie nach unserer Meinung.*
  Oslo ? Non, je n'y irai pas ! *Oslo? Nein, dahin werde ich nicht fahren.*

- **In einem verneinten Satz in Verbindung mit einer Nullmenge steht vor dem Substantiv immer de bzw. d' vor Vokal und stummem h.**
  Je n'ai pas d'argent. *Ich habe kein Geld.* Il ne prend jamais de sucre. *Er nimmt nie Zucker.*

- **Die unbestimmten Artikel un, une oder des werden (auch) in der Verneinung zu de.**
  Il y a un cinéma ici ? Non, il n'y a pas de cinéma ici. *Gibt es hier ein Kino? Nein, hier gibt es (gar) kein Kino.*
  Vous mangez des huîtres ? Non, je ne mange pas d'huîtres !
  Essen Sie Austern? Nein, ich esse keine Austern.

- **Bei den Verben aimer, préférer oder détester wird de nicht benutzt; der bestimmte Artikel bleibt, da es sich um eine Kategorie handelt.**
  Tu aimes la musique classique ? Non, je n'aime pas la musique classique.
  Magst du klassische Musik? Nein, ich mag keine klassische Musik.

Das Wichtigste in Kürze

- **Achten Sie auf die richtige Stellung der Verneinungspartikeln: ne steht immer *vor* dem konjugierten Verb, pas, plus, jamais usw. danach.**

A1 **A** **Beantworten Sie die Fragen verneinend.**

1 Vous voulez encore un peu de gâteau au chocolat ?

Non merci, je ....

2 Vous allez souvent au cinéma ?

Non, je ....

3 Vous fumez encore ?

Non, je ....

4 Vous faites un régime pour maigrir ?

Non, je ....

5 Vous prenez encore des médicaments contre la douleur ?

Non, je ....

6 Vous partez à Barcelone en voiture ?

Non, je ....

7 Vous faites un cours de russe ?

Non, je ....

8 Vous avez rendez-vous avec Michel demain matin ?

Non, je ....

A2 **B** **Beantworten Sie die Fragen. Benutzen Sie die Verneinungspartikeln aus der Liste. Sie haben manchmal mehrere Möglichkeiten.**

ne ... plus jamais • ne ... pas du tout • ne ... pas ... ni • ne ... ni ... ni •
ne ... personne • ne ... plus • ne ... plus personne

1 Ils partent en vacances à la mer ou à la montagne ? Ils ...... vont ...... à la mer ...... à la campagne !

2 Est-ce que tu sais jouer de l'accordéon ? Moi ? Non, je ...... sais ...... jouer de l'accordéon.

3 Vous avez invité beaucoup de gens à votre anniversaire ? Non, nous ...... avons encore invité ...... !

4 Vous prenez votre vélo pour aller au travail ? Non, depuis mon accident je ...... le prends .... !

5 Pour le mariage de son frère elle ..... mettra ..... chapeau ..... robe longue ! Elle sera en tailleur rose.

6 Vous rencontrez souvent vos anciens collègues ? Non, nous ...... nous voyons .... !

7 Est-ce que tu as encore des contacts avec Victor ? Non, je ...... le vois ....

B1 **C** **Benutzen Sie einen verneinten Satz, um jemanden zu charakterisieren.**
Beispiel: Un chômeur: *C'est quelqu'un qui ne travaille pas.*

1 Un végétarien: ....

2 Un aveugle: ....

3 Un analphabète: ....

4 Un insomniaque: ....

5 Un casanier: ....

6 Un collectionneur: ....

7 Un menteur: ....

8 Der Teilungsartikel
L'article partitif

du café	du pain	de l'amour
+ du lait	+ du beurre	+ de la chance
+ du sucre	+ de la confiture	+ du bonheur
= un café au lait	= une tartine	= une rencontre

Die Formen

männlich	weiblich	vor Vokal oder stummem h
du	de la	de l'
du thé	de la bière	de l'eau
du courage	de la patience	de l'aventure

- **Der Teilungsartikel besteht aus der Präposition de und dem bestimmten Artikel.**
  Der Teilungsartikel wird im Französischen benutzt, wenn eine unbestimmte Menge (ein Teil) von nicht zählbaren Dingen (das Ganze) bezeichnet wird. Er wird sowohl bei konkreten als auch bei abstrakten Begriffen verwendet.
  Tu prends de la confiture ou du miel ? *Nimmst du Marmelade oder Honig?*
  Tu as de la chance ! Tu as gagné un voyage ! *Du hast Glück, du hast eine Reise gewonnen!*
  Beim Übersetzen steht im Deutschen nur das Substantiv ohne Artikel. Es gibt keinen Teilungsartikel!

Gebrauch des Teilungsartikels

- **Der Teilungsartikel wird bei einigen festen Wendungen, die Aktivitäten bezeichnen, verwendet, v. a. mit dem Verb faire.**
  Je fais du sport tous les jours. *Ich treibe jeden Tag Sport.*
  J'aime beaucoup faire de la photo. *Ich fotografiere gerne (Ich mag gerne fotografieren).*

- **Beim Teilungsartikel bildet man die Verneinung mit ne ... pas de bzw. ne ... plus de. (s. Lektion 7)**
  Il y a encore du lait ? Non, il n'y a plus de lait ! *Gibt es noch Milch? Nein, es gibt keine Milch mehr!*
  Il y a de l'eau minérale ? Non, il n'y a pas d'eau minérale !
  Gibt es Mineralwasser? Nein, es gibt kein Mineralwasser.
  Tu as de l'argent ? Non, je n'ai plus d'argent. *Hast du Geld? Nein, ich habe kein Geld mehr.*

- **Um Kategorien zu bezeichnen, benutzt man nicht den Teilungsartikel, sondern den bestimmten Artikel.**
  Tu aimes le thé vert ? *Magst du grünen Tee?*
  Tu aimes les voyages exotiques ? *Magst du exotische Reisen?*

- **Nach sans und de wird kein Teilungsartikel verwendet.**
  Il boit son café sans sucre. *Er trinkt seinen Kaffee ohne Zucker.*
  Il a besoin de patience pour convaincre son chef. *Er braucht Geduld, um seinen Chef zu überzeugen.*

- **Nach Mengenangaben wird nur die Präposition de benutzt.**
  Il faut mettre du vin rouge dans la sauce ? Oui, un verre de vin suffit !
  Muss man Rotwein in die Soße tun? Ja, ein Glas Rotwein reicht!
  Achetez de l'eau minérale. Prenez quatre bouteilles de Vichy.
  Kaufen Sie Mineralwasser. Nehmen Sie vier Flaschen Vichy.
  Elle fait beaucoup de sport : du vélo, de la voile etc. *Sie treibt viel Sport: Fahrrad fahren, Segeln usw.*

Das Wichtigste in Kürze

- **Im Deutschen gibt es keinen Teilungsartikel.**
- **Der Teilungsartikel wird im Französischen benutzt, wenn eine unbestimmte Menge (ein Teil) von nicht zählbaren Dingen (das Ganze) bezeichnet wird.**

A1 A Setzen Sie die fehlenden Teilungsartikel in den Dialog ein.

- Tu peux faire les courses pour ce soir, s'il te plaît ? Je rentre tard.
- ★ D'accord, qu'est-ce que j'achète ?
- Prends .... [1] pain, ... [2] fromage, ... [3] charcuterie pour les sandwichs.
- ★ C'est tout ? Et pour les crêpes ?
- C'est vrai, prends .... [4] farine, ... [5] lait, ... [6] beurre et .... [7] sucre.
- ★ Et comme boissons ?
- Il reste .... [8] vin rouge et .... [9] bière, mais prends .... [10] eau minérale.

A1 B Fügen Sie den Teilungsartikel ein.

1 Il aime beaucoup faire .... ski et .... escalade, mais ce qu'il préfère c'est faire .... tennis.
2 Qu'est-ce que vous préférez boire avec .... choucroute ? .... vin blanc ou .... bière ?
3 Aujourd'hui il y a .... soleil le matin, mais l'après-midi on annonce .... pluie et .... vent.
4 Elle vient d'une famille de musiciens. Elle fait .... piano et .... flûte.
5 Il faut .... courage et .... patience pour apprendre le chinois.
6 Qu'est-ce qu'on va mettre dans la chambre ? .... moquette ou un tapis ?
7 Les voisins font souvent .... bruit, c'est désagréable.
8 Prends .... essence ordinaire ou plutôt .... super !

A2 C Lesen Sie die Diättipps. Setzen Sie die passenden Artikel ein.

le • la • les • un • une • des • du • de la • de l'

Changez vos habitudes ! Mangez .... [1] fruits au petit déjeuner, choisissez .... [2] fruit pas trop sucré. Si vous aimez .... [3] thé, buvez .... [4] thé vert. À midi vous pouvez manger .... [5] viande maigre, par exemple .... [6] poulet sans sauce avec .... [7] légumes ou bien avec .... [8] salade verte. Vous aimez .... [9] glace ou .... [10] gâteaux comme dessert ? Pas question ! Mangez .... [11] yaourt nature. Enfin, buvez .... [12] eau toute la journée !

B1 D Ordnen Sie die Eigenschaften zu, die für den jeweiligen Beruf wichtig sind.
Beispiel: *Pour être professeur, il faut de la patience, de l'assurance ...*

assurance • autorité • charme • courage • goût • humour • imagination • mémoire • tact • volonté

1 Pour être acteur / actrice, il faut ....
2 Pour être président / présidente de la République, il faut ....
3 Pour être créateur / créatrice de mode, il faut ....
4 Pour être homme / femme d'affaires, il faut ....
5 Pour être chirurgien / chirurgienne, il faut ....
6 Pour être journaliste, il faut ....
7 Pour être père de famille, il faut ....
8 Pour être enseignant, il faut ....

9 Die Demonstrativbegleiter und die Demonstrativpronomen

Les déterminants *ce, cet, cette, ces* et les pronoms *celui, celle, ceux, celles*

Comment s'appelle cet explorateur, celui qui a découvert la Chine ?

Marco Polo !

Comment s'appelle cette romancière, celle qui a écrit l'Amant ?

Marguerite Duras !

Die Demonstrativbegleiter

	männlich	weiblich	vor Vokal oder stummem h
Einzahl	ce livre ce tableau	cette maison cette excursion	cet examen cet hôtel
Mehrzahl	ces livres ces tableaux	ces maisons ces excursions	ces examens ces hôtels

- **Mit den Demonstrativbegleitern kann man auf Personen bzw. Dinge hinweisen.**
- **ce wird zu cet vor einem männlichen Substantiv, das mit einem Vokal oder stummem h anfängt:**
  cet été *dieser Sommer*
- **In der Mehrzahl gibt es nur eine Form: ces.**
  ces amis *diese Freunde*, ces amies *diese Freundinnen*

Die Demonstrativpronomen

	männlich	weiblich
Einzahl	celui	celle
Mehrzahl	ceux	celles

- **Die Demonstrativpronomen ersetzen ein Substantiv, um eine Wiederholung im Satz zu vermeiden. Sie werden oft mit einer Präposition (de, à, pour) ergänzt.**
  Ce n'est pas le sac de Léa, c'est celui de Marie. *Das ist nicht die Handtasche von Léa, es ist die von Marie.*
  Il a inventé la machine à coudre ? Non, celle à tricoter.
  Hat er die Nähmaschine erfunden? Nein, die zum Stricken.
  Aujourd'hui, ce ne sont pas les examens pour les débutants, ce sont ceux pour les avancés.
  Heute sind es nicht die Prüfungen für die Anfänger, es sind die für die Fortgeschrittenen.

- **Die Demonstrativpronomen stehen unmittelbar vor einem Relativpronomen.**
  Tu as lu tous les livres de cet auteur ? Non, seulement ceux qui sont traduits en français !
  Hast du alle Bücher von diesem Autor gelesen? Nein, nur die, die ins Französische übersetzt sind.
  Vous avez envoyé toutes les invitations ? Non pas encore, j'ai envoyé celles qui sont pour la famille.
  Haben Sie alle Einladungen versandt? Nein, noch nicht, ich habe die versandt, die für die Familie sind.

- **Um eine – oft örtliche – Differenzierung zu formulieren, werden die Demonstrativpronomen mit der angehängten Partikel -ci *(hier)*, bzw. -là *(dort, drüben)* ergänzt.**
  Qu'est-ce que tu penses de ces pantalons ? Celui-ci me serre trop, celui-là est trop large !
  Was hältst du von diesen Hosen? Die/Diese hier ist mir zu eng, diese/die da ist zu groß!
  Qu'est-ce que j'envoie comme photo ? Celle-ci ou celle-là ? Plutôt celle-là avec les lunettes.
  Was schicke ich für ein Bild? Das hier oder das da? Lieber das da mit der Brille.

Das Wichtigste in Kürze
- **Die Demonstrativbegleiter stehen immer vor einem Substantiv.**
- **Die Demonstrativpronomen werden nicht alleine gebraucht.**

A1 **A** **Fügen Sie einen Demonstrativbegleiter ein.**

1 Vous faites du golf ? Non, je déteste .... sport.

2 Qu'est-ce que vous faites .... été ? On retourne à l'Île de Ré.

3 Elle aime les tulipes ? Non, elle n'aime pas beaucoup .... fleurs.

4 On s'en va ? Je ne supporte pas .... odeur de fumée.

5 Que pensez-vous de .... nouvelles voitures électriques ?

6 Tu connais la Bourgogne ? Non, je ne connais pas .... région.

7 Vous avez déjà visité le musée de la BD à Bruxelles ? Non, on ne connaît pas encore .... musée.

8 Simenon a habité dans .... maison pendant dix ans.

A2 **B** **Ergänzen Sie den Text mit dem richtigen Substantiv.**

1 *maison / immeuble / appartement* Elle habite dans cette .... depuis six mois.

2 *acteur / actrice / chanteur* Je n'aime pas du tout cet ....

3 *année / semaine / week-end* Qu'est-ce que vous faites ce .... ?

4 *chocolats / dessert / spécialité* Tu devrais goûter ces ...., c'est un délice !

5 *musée / hôtel / région* Ils ne connaissent pas du tout cette ....

6 *appareil photo / valise / sac* On va lui offrir cet .... pour son anniversaire.

A2 **C** **Ergänzen Sie den Text mit dem passenden Demonstrativpronomen.**

1 Il est parti avec quelle voiture ? Il est parti avec .... de sa mère.

2 Tu aimes ce style de meubles des années 30 ? Non, je préfère .... des années 50.

3 J'adore les melons, surtout .... qui viennent d'Espagne.

4 Il ne mange jamais de crêpes au fromage, il préfère .... à la confiture.

5 Elle a choisi cet appartement ici, mais je trouve que ....-là au premier étage était plus agréable.

6 J'ai deux recettes de tarte au citron, ... que tu m'as donnée est plus simple.

7 Qu'est-ce que vous choisissez comme type d'hébergement ? Hôtel, camping, gîte rural ? Nous prenons toujours .... qui est le moins cher.

B1 **D** **Lesen Sie den Text und fügen Sie die passenden Demonstrativbegleiter oder Pronomen ein.**

1 Regarde .... chaussures à 150 euros là à gauche, elles sont superbes ! Moi, je préfère .... qui sont à droite à 80 euros !

2 J'aimerais bien planter .... variété de roses dans le jardin. Attention, prends plutôt ...., elles sont plus robustes.

3 Vous avez fait .... exercices en combien de temps ? Ça dépend, pour .... de grammaire j'ai mis une demi-heure !

4 Tu connais .... auteure ? C'est .... qui a écrit *La Joueuse de Go*.

5 Ils ont acheté .... maison il y trois ans, c'est .... de l'ancien maire du village.

6 À qui sont .... affaires ? Ce sont .... de Pauline, elle passera les chercher .... semaine.

10 Die Possessivbegleiter und die Possessivpronomen
Les possessifs et les pronoms possessifs

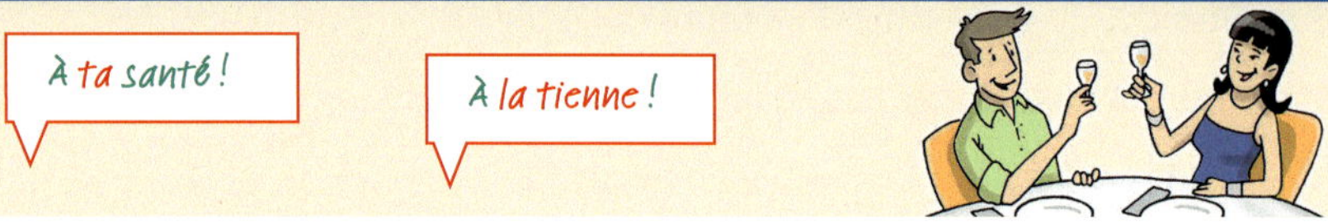

Die Possessivbegleiter (adjektivisch)

Substantiv		Einzahl			Mehrzahl
		vor Konsonant		*vor Vokal oder stummem h	kein Unterschied
		männlich (m.)	weiblich (w.)	m./w.	
ein Besitzer	1. Person	mon projet	ma chambre	mon idée	mes projets / mes idées
	2. Person	ton père	ta mère	ton élan	tes élans / tes filles
	3. Person	son fils	sa fille	son avion	ses habits / ses chambres
mehrere Besitzer	1. Person	notre cousin	notre famille	notre ami	nos cousins / nos familles
	2. Person	votre père	votre fête	votre idée	vos projets / vos idées
	3. Person	leur projet	leur mère	leur enfant	leurs enfants / leurs chambres

*Merke: ma nouvelle directrice mon ancienne directrice

- Die Possessivbegleiter werden benutzt, um Besitz- oder Zugehörigkeitsbeziehungen anzuzeigen. Die Formen mon, ton, son stehen auch vor einem weiblichen Substantiv, das mit einem Vokal oder stummen h anfängt.
- Im Gegensatz zum Deutschen richtet sich der Possessivbegleiter in der 3. Person Einzahl nicht nach dem Geschlecht des Besitzers, sondern nach dem Substantiv, vor dem er steht.
  C'est sa fille. *Es ist **seine / ihre** Tochter.* C'est son fils. *Es ist **sein / ihr** Sohn.*
  Il/Elle prépare son examen. *Er/Sie bereitet sich auf **seine / ihre** Prüfung vor.*
- Votre und vos haben je nach Kontext eine andere Bedeutung: votre *Ihr(e)/euer(e)* und vos *Ihre/eure*.
  Charlotte, c'est votre sœur ? *Ist Charlotte **Ihre** Schwester?*
  Vos parents sont belges ? *Sind **eure** Eltern aus Belgien?*
- In der Mehrzahl gibt es immer nur jeweils einen Possessivbegleiter.

Die Possessivpronomen

Substantiv	Einzahl		Mehrzahl	
ein Besitzer	männlich	weiblich	männlich	weiblich
1. Person	le mien	la mienne	les miens	les miennes
2. Person	le tien	la tienne	les tiens	les tiennes
3. Person	le sien	la sienne	les siens	les siennes
mehrere Besitzer	männlich	weiblich		
1. Person	le nôtre	la nôtre	les nôtres	
2. Person	le vôtre	la vôtre	les vôtres	
3. Person	le leur	la leur	les leurs	

- Wie beim Possessivbegleiter, richtet sich auch das Possessivpronomen nach dem Geschlecht und danach, ob es sich um einen oder mehrere Besitzer handelt.
- Die Possessivpronomen ersetzen das Substantiv und können alleine stehen.
  C'est la voiture de ton père ? Oui, c'est la sienne. *Ist das das Auto deines Vaters? Ja, das ist seines.*

Das Wichtigste in Kürze
- Possessivbegleiter und Possessivpronomen richten sich nach dem Geschlecht und der Anzahl der Besitzer.
- In der Mehrzahl gibt es immer nur jeweils einen Possessivbegleiter und ein Possessivpronomen. Die Possessivbegleiter stehen immer vor dem Substantiv.

A1 A **Ergänzen Sie den Text mit dem richtigen Substantiv.**

1	*fête / anniversaire / ans*	Pour ses cinquante .... on lui a offert une croisière.
2	*enfants / chien / fille*	Ils vivent avec leurs .... dans une grande ferme.
3	*grand-mère / identité / piano*	Nous avons encore notre ...., elle a 85 ans.
4	*chien / chatte / cheval*	C'est ma ...., elle s'appelle Célimène.
5	*musée / hôtel / région*	Comment s'appelle votre .... à Strasbourg ?
6	*voiture / clés / adresse*	Tu peux me donner ton .... s'il te plaît ?
7	*sœur / copain / oncle*	Il ne vit pas seul, il habite avec sa ....
8	*pays / fille / enfants*	Les Munoz ont quitté leur .... dans les années 50.
9	*cuisine / mariage / examen*	Elle travaille beaucoup pour préparer son ....
10	*frère / amie / fille*	Je n'ai pas de nouvelles de ma ....
11	*fête / anniversaire / travail*	Nous sommes invités pour son ....
12	*journal / roman / série*	C'est ma .... préférée à la télé.

A2 B **Ergänzen Sie die Sätze und setzen Sie die Aufforderung in die Mehrzahl.**
Beispiel: *Fais ton exercice ! Faites votre exercice !*

1	Prépare .... affaires !	Préparez .... affaires !
2	Finis .... travail !	Finissez .... travail !
3	Laisse .... sœur tranquille !	Laissez .... sœur tranquille !
4	Téléphone à .... grand-père !	Téléphonez à .... grand-père !
5	Va donc voir .... copains !	Allez donc voir .... copains !
6	Pose .... candidature !	Posez .... candidature !
7	Amène .... amies le week-end !	Amenez .... amies le week-end !
8	Fais donc .... traduction !	Faites .... traduction !
9	Laisse .... sac à dos ici !	Laissez .... sac à dos ici !

B1 C **Fügen Sie jeweils ein Substantiv und ein Possessivpronomen ein. Sie haben mehrere Möglichkeiten, aber Sie dürfen nicht zweimal das Gleiche verwenden!**

1 Tu peux me prêter ta ...., la .... est en panne ?
2 S'il vous plaît, rangez vos .... dans ce tiroir, les .... sont dans le placard.
3 Nos .... sont discrets, par contre les .... sont bruyants.
4 Mes .... ont fait des études de physique, et les .... ?
5 Je ne sais pas pourquoi mes .... sont mauvais, les .... sont toujours excellents !
6 Je vais mettre la .... dans le séjour. Les enfants vont mettre la .... dans .... chambre.
7 Je ne sais pas où sont mes ...., tu peux me prêter les .... ?
8 Il a mis mon ...., il a perdu le ....

A1 **A** **Bilden Sie Fragesätze, die sich auf die unterstrichenen Elemente beziehen. Sie haben mehrere Möglichkeiten.**

1 Je suis <u>psychiatre</u>.

....

2 Ils habitent <u>à Genève</u>.

....

3 Le TGV part de Strasbourg à <u>6h30</u> le matin.

....

4 Elle a <u>trois vélos</u>, un vélo de course, un VTT et un vélo électrique.

....

5 Ils vont à Barcelone <u>la semaine prochaine</u>.

....

6 Nous regardons souvent <u>les matchs</u> à la télé.

....

7 <u>La grand-mère</u> garde les enfants samedi soir.

....

8 Cette année, nous partons en vacances <u>au mois de septembre</u>.

....

Points ☐ / 8

A1 **B** **Benutzen Sie den richtigen Teilungsartikel: du, de la oder de l'.**

1 Elle prend .... eau comme boisson à midi.
2 Il faut mettre .... beurre dans les sandwichs.
3 Vous buvez .... café ? Non, je bois seulement .... thé.
4 Ils achètent .... bière et .... vin pour ce soir.
5 Je mange souvent .... poisson le vendredi.
6 Elle achète .... crème solaire seulement en pharmacie.
7 Je fais .... sport, surtout .... vélo et .... natation.
8 Ils ont .... chance, ils partent un mois au Brésil à Noël.

Points ☐ / 8

A2 **C** **Fügen Sie die passende Verneinung im zweiten Teil des Satzes ein.**

1 Je fume toujours, mais mes amis ... *(ne ... plus / fumer).*

....

2 Antoine va souvent au restaurant, mais Sophie ... *(ne ... jamais / aller au restaurant).*

....

3 Nous faisons du tennis deux fois par semaine, mais nos voisines ... *(ne ... jamais / faire du sport).*

....

4 Elle sait faire la cuisine, mais sa fille ... *(ne ... pas du tout / savoir faire la cuisine).*

....

5 Pierre parle bien anglais et italien, sa fille au contraire ... *(ni ... ni / parler anglais / italien).*

....

6 Mon collègue est toujours en retard, mais il ... *(ne ... jamais / s'excuser).*

....

Points ☐ / 6

A2 D **Ergänzen Sie die Sätze mit ce, cet, cette, ces, und mit son, sa oder ses.**
Beispiel: *Cet anorak est l'anorak de Léa. Son anorak est rouge.*

1 .... monsieur est le père de Léa. .... père est physicien.

2 .... voiture est la voiture d'Annick. .... voiture est mal garée.

3 .... passeport est le passeport de Pierre. .... passeport est périmé.

4 .... vêtements de sport sont les vêtements d'Alexandre. .... vêtements sont neufs.

5 .... appartement est l'appartement de Lucie. .... appartement est dans la zone piétonne.

6 .... idée est l'idée d'Amélie. .... idée est bonne !

7 .... tableaux sont les tableaux de Jean. .... tableaux ont beaucoup de valeur.

8 .... veste en cuir est la veste de Julie. .... veste en cuir est bleue.

9 .... femme est psychiatre. .... cabinet est à Nice.

Points ☐ / 9

B1 E **Ergänzen Sie zuerst die Frage und suchen Sie dann die richtige Antwort.**

1 Où est-ce que vous .... ?

A Elles habitent à Paris ? **B** J'habite à Paris.

2 Qu'est-ce que tu .... comme dessert ?

A J'aime la mousse au chocolat. **B** J'aime le jazz.

3 Quel âge .... Pierre ?

A Il est célibataire. **B** Il a quarante ans.

4 Quand est-ce que Sabine et Christophe .... au Brésil ?

A Ils vont au Brésil en avion. **B** Ils vont au Brésil en novembre.

5 Comment est-ce qu'elle .... physiquement ?

A Elle est grande et blonde. **B** Elle est nerveuse.

6 Pourquoi est-ce qu'elle .... seulement quatre jours par semaine ?

A Parce qu'elle travaille en France. **B** Parce qu'elle travaille à mi-temps.

Points ☐ / 6

B1 F **Ergänzen Sie den Zettel von Léa mit den passenden Possessivbegleitern (Adjektive und Pronomen).**

.................[1] chéri,

Je ne trouve plus ....[2] clés de voiture. Désolée, je prends les ....[3], sinon je ne peux pas aller travailler. D'habitude, je mets ....[4] affaires dans ....[5] sac et ....[6] lunettes dans la poche de ....[7] veste avec ....[8] portable. Ce matin, pas de lunettes ! Je prends donc aussi les ....[9] ! Je ne trouve plus ....[10] carnet d'adresses, je n'ai pas l'adresse de ....[11] amis Serge et Léon pour aller directement chez eux après la journée au bureau. Quelle est ....[12] adresse ? Heureusement, j'ai ....[13] numéro de téléphone sur ....[14] portable ! À ce soir chez Serge et Léon,

bises Léa

Points ☐ /14

11 Die Verben auf *-ir*, *-re* und *-oir* im Präsens
Les verbes en *-ir*, *-re* et *-oir* au présent

Quand on veut, on peut !
On choisit ses amis, pas sa famille !
Il faut rendre à César ce qui est à César !

Die Verben auf -ir

- Die Verben auf -ir sind zahlreich und in zwei Gruppen eingeteilt: mit Stammerweiterung (choisir) und ohne Stammerweiterung (partir). Die meisten Verben auf -ir werden wie partir konjugiert.

- choisir *aussuchen*

je choisis	nous choisissons
tu choisis	vous choisissez
il/elle/on choisit	ils/elles choisissent

Ebenso: finir *beenden, aufhören*; grandir *wachsen*; réfléchir *überlegen*; réunir *aufbringen*; réussir *gelingen*, vieillir *alt, älter werden* usw.

- partir *weggehen*

je pars	nous partons
tu pars	vous partez
il/elle/on part	ils/elles partent

Ebenso: dormir *schlafen*; sentir *fühlen*; servir *reichen, bedienen*; sortir *hinausgehen* usw.

- In der ersten, zweiten und dritten Person Singular fällt der Endkonsonant weg.

- Ausnahmen: Einige dieser Verben folgen der Konjugation auf -er.
  j'offre, tu offres, il offre, nous offrons, vous offrez, ils offrent
  Ebenso: découvrir *entdecken*; ouvrir *aufmachen/öffnen*; offrir *schenken*; souffrir *leiden*

Die Verben auf -re

- Diese Verbgruppe enthält viele unregelmäßige Verben.

A Verben auf -dre

- vendre *verkaufen*

je vends	nous vendons
tu vends	vous vendez
il/elle/on vend	ils/elles vendent

Ebenso: descendre *hinuntergehen*; entendre *hören*; perdre *verlieren*; prendre *nehmen*; rendre *zurückgeben*; répondre *antworten*

- Bei den Verben auf -dre bleibt d in der 3. Person Singular stehen.

B andere Verben auf -re

- dire *sagen*

je dis	nous disons
tu dis	vous dites
il/elle/on dit	ils/elles disent

- faire *machen*

je fais	nous faisons
tu fais	vous faites
il/elle/on fait	ils/elles font

- lire *lesen*

je lis	nous lisons
tu lis	vous lisez
il/elle/on lit	ils/elles lisent

- vivre *leben*

je vis	nous vivons
tu vis	vous vivez
il/elle/on vit	ils/elles vivent

- boire *trinken*; connaître *kennen*; écrire *schreiben*; mettre *legen*

Verben auf -oir

- Bei den Verben auf -oir gibt es kein Grundmuster!

- devoir *müssen*

je dois	nous devons
tu dois	vous devez
il/elle/on doit	ils/elles doivent

- pouvoir *können*

je peux	nous pouvons
tu peux	vous pouvez
il/elle/on peut	ils/elles peuvent

Das Wichtigste in Kürze
- Bei den Verben auf -ir lernt man gleich, ob es sich um ein Verb mit oder ohne Stammerweiterung handelt.
- Verben auf -dre behalten ein d in der dritten Person Singular.

A1 A Ergänzen Sie die Tabelle mit dem richtigen Verb.

Infinitif	je	tu	il	nous	vous	ils
choisir		choisis				
vieillir					vieillissez	
partir			part			
dormir				dormons		
sortir	sors					
attendre			attend			
répondre						répondent
dire	dis					
faire						font
lire				lisons		
vivre		vis				
devoir	dois					
pouvoir			peut			

A2 B Bilden Sie Sätze.

1 un cours / elles / partent / à Malte / faire / d'anglais

....

2 charme / de la / nous / découvrons / le / campagne / en mai

....

3 qu'est-ce que / année / faites / vous / les vacances / cette / pour

....

4 souvent / direction / je / bus / prends / Gare de Lyon / le

....

5 médical / heure / à quelle / le / ouvre / cabinet

....

A2 C Fügen Sie die passende Form des Verbs ein.

1 *pleuvoir* Cela fait trois jours qu'il .... sans interruption.

2 *mettre* Vous .... les clés dans la boîte aux lettres, s'il vous plaît ?

3 *vivre* Il .... à Majorque depuis six ans déjà.

4 *faire* Elles .... une croisière tous les ans.

5 *entendre* Tu .... ce bruit, qu'est-ce c'est ?

6 *offrir* J' .... toujours des tulipes à Léa pour son anniversaire.

7 *finir* Vous .... votre travail à quelle heure ?

8 *dire* Comment on .... merci en russe ?

9 *répondre* Je ne .... pas à cette proposition.

10 *mentir* C'est terrible, il .... comme il respire.

12 Das Adjektiv
L'adjectif

Bon voyage ! Bon séjour ! Bonne année ! Bonne santé !

Angleichung – Männliche und weibliche Formen

- **Das Adjektiv richtet sich in Genus und Zahl immer nach dem Substantiv, auf das es sich bezieht.**
  un pull vert *ein grüner Pulli* des pulls verts *grüne Pullis*
  une robe verte *ein grünes Kleid* des robes vertes *grüne Kleider*
- **Im Gegensatz zum Deutschen stimmt das prädikativ verwendete Adjektiv mit dem Substantiv überein.**
  C'est une **grande** maison. *Das ist ein großes Haus* La maison est **grande**. *Das Haus ist groß.*
- **Die weibliche Form des Adjektivs wird durch Anhängen von -e an die männliche Form gebildet.**
  un **petit** homme *ein kleiner Mann* une **petite** femme *eine kleine Frau*
- **Adjektive, die bereits auf -e enden, sind männlich und weiblich.**
  malade *krank* **rouge** *rot* **sympathique** *sympathisch* **tranquille** *ruhig* **triste** *traurig*
- **Einige Adjektive bleiben unverändert.** **marron** *braun* **orange** *orange* **bon marché** *billig*
  Die Kurzform **sympa** *sympathisch* wird nur in der Mehrzahl angeglichen.

- Sonderformen mit veränderter Endung

männlich		weiblich		männlich		weiblich	
-anc	blanc	-anche	blanche	-f	neuf	-ve	neuve
-er	dernier	-ère	dernière	-g	long	-gue	longue
-en	européen	-enne	européenne	-l	naturel	-lle	naturelle
-ien	italien	-ienne	italienne	-on	bon	-onne	bonne
-et	complet	-ète	complète	-os	gros	-osse	grosse
-eux	heureux	-euse	heureuse	-teur	menteur	-teuse	menteuse
-c	grec	-que	grecque	-teur	conservateur	-trice	conservatrice

- Unregelmäßige Formen

Einzahl			Mehrzahl	
männlich	vor Konsonant oder stummem h	weiblich	männlich	weiblich
beau *schön*	un **bel** homme	une **belle** femme	beaux *schön*	belles
nouveau *neu*	le **nouvel** an	une **nouvelle** idée	nouveaux *neu*	nouvelles
vieux *alt*	un **vieil** ami	une **vieille** maison	vieux *alt*	vieilles
frais *frisch*	—	une boisson **fraîche**	frais *frisch*	fraîches

- **Die Mehrzahl wird durch das Anhängen von -s gekennzeichnet.** des enfants malades *kranke Kinder*
- **Adjektive auf -s oder -x bleiben in der Mehrzahl unverändert. Adjektive auf -al bilden die Mehrzahl auf -aux.**
- **Fast alle Adjektive stehen nach dem Substantiv.**
- **Einige kurze gebräuchliche Adjektive stehen vor dem Substantiv.** **beau/bel belle** *schön* **jeune** *jung* **joli** *hübsch* **grand** *groß* **petit** *klein* **gros/grosse** *dick/ dicke* **mauvais** *schlecht*
- **Adjektive, die Farben und Nationalitäten kennzeichnen, stehen nach dem Substantiv.**
  une voiture **noire** *ein schwarzes Auto* un écrivain **français** *ein französischer Schriftsteller*
- **Einige Adjektive verändern ihre Bedeutung, je nachdem ob sie vor oder nach dem Substantiv stehen.**
  un ancien boxeur *ein Ex-Boxer* aber **une armoire ancienne** *ein antiker Schrank*

Das Wichtigste in Kürze

- Im Unterschied zum Deutschen kann im Französischen ein Adjektiv vor oder nach dem Substantiv stehen.

A1 **A** **Verbinden Sie die männlichen und die weiblichen Formen der Adjektive.**

1 un bon souvenir	**9** un lapin blanc	**a** une grande maison	**i** une grosse dame
2 un beau château	**10** un ami généreux	**b** une amie généreuse	**j** une première rencontre
3 un fromage excellent	**11** un député européen	**c** une belle région	**k** une actrice italienne
4 un grand appartement	**12** un parti conservateur	**d** une divinité grecque	**l** une robe longue
5 un fauteuil confortable	**13** un drapeau blanc	**e** une tarte excellente	**m** une bonne idée
6 un vin italien	**14** un premier amour	**f** une boisson fraîche	**n** une table blanche
7 un temple grec	**15** un gros bébé	**g** une fraction conservatrice	**o** une voiture confortable
8 un melon frais	**16** un manteau long	**h** une députée européenne	**p** une robe blanche

1	2	3	4	5	6	7	8	9	10	11	12	13	14	15	16
M															

A2 **B** **Gleichen Sie die Adjektive an.**

1 *(différent)* J'ai la même valise, mais dans une couleur …………………….

2 *(sec)* On emporte des fruits ……………………. quand on fait de la marche.

3 *(bon)* Comment ça va ? Les enfants sont en ……………………. santé ?

4 *(content)* Ses parents sont ……………………. de ses résultats scolaires.

5 *(léger)* Il préfère une cuisine ……………………. sans beurre.

6 *(intéressant)* Cette année, le club propose des activités …………………….

7 *(dangereux)* Attention ! Cette route de montagne est …………………….

8 *(amoureux)* Elle est ……………………. de son professeur de sport.

9 *(beau)* Tu as une ……………………. veste en laine.

10 *(vieux)* C'est un ……………………. ami de la famille.

11 *(nouveau)* Nous utilisons une ……………………. méthode de français.

12 *(frais)* Vous voulez une boisson ……………………. ?

B1 **C** **Ergänzen Sie die Postkarte mit dem passenden Adjektiv in der richtigen Form.**

bon • bon marché • cher • content • culturel • gros • nouveau • petit • postal • précis • sportif • sympa

……………[1] Chantal, ……………[2] Philippe,

Une ……………[3] carte ……………[4] comme promis ! Nous sommes dans un hôtel ……………[5] Les patrons sont très ……………[6] Cette année, l'Office du tourisme propose un ……………[7] programme découverte de la région avec des informations ……………[8] Il y a aussi des activités ……………[9] et ……………[10]: tennis, kayak, randonnée en forêt, atelier de théâtre pour les enfants, poterie, danses folkloriques etc. On passe de ……………[11] vacances et on est ……………[12] de notre séjour !

……………[13] bises, à bientôt !

Christophe

13 Der Vergleich
Le comparatif

Die Steigerung der Adjektive

\+ Bernard est plus grand que sa mère. *Bernard ist größer als seine Mutter.*
– Pierre est moins grand que Bernard. *Peter ist kleiner* (wörtlich: *weniger groß) als Bernard.*
= Bernard est aussi grand qu'Annie. *Bernard ist genauso groß wie Annie.*

- **Die Steigerung wird mit plus (Überlegenheit), moins (Unterlegenheit) und aussi (Gleichheit) vor dem Adjektiv gebildet. Die Vergleichspartikel ist immer que, bzw. qu' vor Vokal.**
- **Im Französischen ist der Vergleich mit moins (Unterlegenheit) gebräuchlicher als im Deutschen.**
  Ton examen est moins difficile que le mien. *Deine Prüfung ist leichter (=weniger schwierig) als meine.*

	+ Steigerung	– Steigerung
bon/bonne *gut*	meilleur(e) ... que *besser ... als*	moins bon/bonne ... que *schlechter ... als*
mauvais(e) *schlecht*	plus mauvais(e) ... que *schlechter ... als* pire *schlimmer ... als*	moins mauvais(e) ... que *schlechter ... als*

Merke: Wenn mauvais *mangelhaft* bedeutet, benutzt man plus mauvais als Vergleichsform.
Ses résultats scolaires sont plus mauvais qu'il y a trois mois.
Seine Schulleistungen sind schlechter als vor drei Monaten.
aber: Son accent en anglais est pire que le tien. *Sein Akzent auf Englisch ist schlimmer als deiner.*

Der Superlativ der Adjektive

le/la/les plus + Adjektiv ... (de/du/de la/des)

\+ Le Danube est le plus long fleuve d'Europe. *Die Donau ist der längste Fluss Europas.*
Paris est la plus grande ville de France. *Paris ist die größte Stadt Frankreichs.*
Pierre est le plus doué de la famille. *Pierre ist der Begabteste der Familie.*
Qui est la plus intelligente des deux ? *Wer ist die Klügste von beiden?*
Quelles sont les plus hautes montagnes du monde ? *Welche Berge sind die höchsten der Welt?*

le/la/les moins ... + Adjektiv ... (de/du/de la/des) ...

– Ce dessert est le moins bon de tous. *Diese Nachspeise ist die schlechteste von allen.*
Cette solution est la moins compliquée. *Diese Lösung ist die einfachste (am wenigsten kompliziert).*
Quelle est la ville la moins chère d'Europe ? *Welche Stadt ist die billigste Europas?*
Nous sommes les moins doués de la famille. *Wir sind die Unbegabtesten der Familie.*

! Superlativ von bon = le/la meilleur(e) / les meilleur(e)s

Il a invité ses meilleurs amis. *Er hat seine besten Freunde eingeladen.*

Superlativ von mauvais = le/la pire / les pires

L'homme est le pire ennemi de l'homme. *Der Mensch ist der schlimmste Feind des Menschen.*

- **Im Gegensatz zum Deutschen wird die Vergleichsform mit le/la/les moins + Adjektiv oft benutzt.**
  C'est le moins cher. *Das ist das Billigste.*
- **Bei kurzen Adjektiven, die vor dem Substantiv stehen, kann der Superlativ vor oder nach dem Substantiv stehen. Diese Adjektive sind petit, grand, beau, mauvais, gros, vieux.**
  le plus beau souvenir pour moi, c'est ... *oder* le souvenir le plus beau pour moi, c'est ...
  Die schönste Erinnerung ist für mich ...

Das Wichtigste in Kürze

- **Im Französischen ist die negative Steigerung mit moins bzw. le/la/les moins sehr gebräuchlich.**
- **Die Steigerungsformen von bon und mauvais bilden eine Ausnahme.**

A1 A Bilden Sie Vergleichsätze mit plus (+) oder moins (–) ... que ...

1 (+) Il est .... paresseux que sa sœur.
2 (–) Elle fait des études .... longues que moi.
3 (+) Le violon est un instrument .... difficile que le piano.
4 (–) Son mari est .... timide qu'elle.
5 (+) Ils ont des vacances .... actives que leurs amis.
6 (–) Tu es .... amoureux que l'année dernière.
7 (+) Votre ordinateur est .... marché que le mien.
8 (–) J'ai des informations .... précises que toi.
9 (+) Il a un salaire .... élevé que ses collègues.
10 (–) Les participants à la conférence sont .... nombreux que la dernière fois.

A2 B Ein ungleiches Paar! Lesen Sie die beiden Texte und schreiben Sie mindestens sechs Vergleichssätze.

Beispiel: *Antoine est aussi grand que Charlotte ...*

Antoine est très brun. Il mesure 1,75 m. Il ne parle pas beaucoup. Il aime lire, surtout les auteurs contemporains. Il est doué en langues. Il parle anglais, russe, espagnol. Il est élégant, il porte toujours un costume et une cravate. Il est prudent en voiture. Il n'est pas très âgé, il a 35 ans.

Charlotte est brune. Elle mesure 1,75. Elle parle beaucoup. Elle est sportive. Elle lit le journal sur Internet mais elle ne lit pas de romans. Elle est toujours en jean et en blouson. Elle a une voiture de sport et elle conduit très vite. Elle n'est plus très jeune. Elle a 48 ans.

....

....

....

....

....

....

B1 C Bilden Sie die folgenden Vergleichssätze mit bon / meilleur / moins bon / moins mauvais / plus mauvais / pire. Sie haben mehrere Möglichkeiten.

1 (+) Je préfère son dernier roman. Il est nettement .... que celui d'avant.
2 (–) Je trouve que ton idée est .... que la mienne.
3 (+) Nos ventes à l'étranger sont .... que l'année dernière.
4 (–) Notre équipe de foot a encore perdu trois matchs, elle est .... que la vôtre.
5 (+) À votre avis, quelle est la .... solution pour apprendre le chinois en trois mois ?
6 (–) Désolé, mais les résultats de votre fils sont .... que le mois dernier.
7 (+) Aujourd'hui la température de l'eau est .... qu'hier !
8 (–) Son accent en anglais est .... que le tien !
9 (–) Cette marque de plats surgelés est .... que l'autre.
10 (–) À cause du manque de médicaments la situation sanitaire de la population est .... que celle de l'année dernière.

14 Das Adverb
L'adverbe

Merci bien!

Comment ça va?

Mieux, bien mieux!

Adverbien ergänzen ein Verb, Adjektiv oder anderes Adverb. Man unterscheidet einfache Adverbien und Adverbien (rapidement), die von der weiblichen Form des Adjektivs (rapide) abgeleitet werden.
Il est très malade. *Er ist sehr krank.* Il a quitté rapidement la réunion. *Er hat die Sitzung schnell verlassen.*

- **Einfache Adverbien**
  Mit den einfachen Adverbien werden Angaben über Ort, Zeit, Menge, Art und Weise gemacht.

après *nach*	assez *genug*	aujourd'hui *heute*	avant *vor*	beaucoup *viel*
bien *gut*	déjà *schon*	demain *morgen*	hier *gestern*	longtemps *lange*
maintenant *jetzt*	mal *schlecht*	mieux *besser*	plus *mehr*	souvent *oft*
toujours *immer*	très *sehr*	trop *zu viel*	vite *schnell*	

- **Adverbien auf -ment**
  Bei Adverbien, die von einem Adjektiv abgeleitet werden, hängt man die Endung -ment an die weibliche Form des Adjektivs an: lent *langsam*, weibliche Form lente, Adverb lentement
  Endet ein Adjektiv bereits auf -e, wird die Endung -ment direkt angehängt: rapide *schnell*, Adverb rapidement
  Adjektive, deren **männliche** Form auf einen Vokal endet, leiten das Adverb von dieser Form ab.
  absolu ▶ absolument *absolut* joli ▶ joliment *hübsch* vrai ▶ vraiment *wirklich*
  Bei Adjektiven, deren **weibliche** Form auf einen Vokal endet, wird das Adverb von dieser Form abgeleitet.
  gai, gaie ▶ gaiement *fröhlich* nouveau, nouvelle ▶ nouvellement *neu* fou, folle ▶ follement *irrsinnig*

- **Sonderformen der Adverbien**
  Bei Adjektiven auf -ant endet das Adverb auf -amment [amɑ̃]. élégant ▶ élégamment *elegant*
  méchant ▶ méchamment *böse*
  Bei Adjektiven auf -ent endet das Adverb auf -emment [amɑ̃].
  différent ▶ différemment *verschieden* récent ▶ récemment *kürzlich*
  Einige Adverbien enden auf -ément. précis ▶ précisément *präzis, genau* profond ▶ profondément *tief*

- **Unregelmäßige Formen der Adverbien**

Adjektiv	bon/bonne	mauvais	meilleur	gentil/gentille	*nett*
Adverb	bien	mal	mieux	gentiment	*netterweise*

- **Stellung des Adverbs**
  Adverbien, die eine Orts- oder eine Zeitangabe angeben, stehen am Satzanfang oder am Satzende.
  Aujourd'hui, il pleut. / Il pleut aujourd'hui. *Heute regnet es. / Es regnet heute.*
  Die meisten anderen Adverbien stehen direkt **hinter** dem konjugierten Verb.
  Elle a souvent travaillé le samedi. *Sie hat oft samstags gearbeitet.*

Steigerung des Adverbs

Komparativ – plus/moins/aussi ... + Adverb ... que ...
Il parle mieux anglais que moi mais moins bien russe.
Er spricht besser Englisch als ich, aber schlechter (weniger gut) Russisch.

Superlativ – le plus / le moins ... + Adverb ... (de/du/de la/des)
C'est elle qui parle le mieux anglais. *Sie spricht am besten Englisch.*

Das Wichtigste in Kürze
- **Die meisten Adverbien, die keine Zeit / keinen Ort bestimmen, stehen direkt hinter dem konjugierten Verb.**
- **Das Adverb kennt die gleichen Steigerungsformen wie das Adjektiv.**

A1 **A** **Setzen Sie die passenden Adverbien ein.**

avant • déjà • longtemps • maintenant • souvent • très • trop • toujours • vite

1 Nous faisons .... du sport, en général trois à quatre fois par semaine.

2 Je ne dors jamais ...., cinq heures maximum.

3 Elle a .... fini ses études et elle cherche du travail.

4 Cet article sur le nucléaire est .... intéressant.

5 Vous avez .... travaillé comme secrétaire ? Non, jamais.

6 Je ne pars pas avec lui en voiture, c'est dangereux, il roule .... !

7 .... il était ingénieur, ... il répare des ordinateurs.

8 Il fait .... beau en Bretagne en juillet et en août.

A1 **B** **Finden Sie alle Adverbien in dieser Liebeserklärung.**

- ● Bonsoir mon amour, tu m'aimes ?
- ★ Naturellement.
- ● Tu m'aimes comment ?
- ★ Passionnément, et toi ?
- ● Éternellement !
- ★ C'est vrai ?
- ● Évidemment !

A2 **C** **Finden Sie die Adverbform und bilden Sie Sätze nach folgendem Muster:**
Beispiel: Le costume de Pierre est élégant. *Il s'habille **élégamment**.*

1 Ses voyages d'affaires sont fréquents. Il voyage .... pour affaires.

2 Son italien est courant. Elle parle .... italien.

3 Cet exercice est facile. Ils font .... cet exercice.

4 Votre réponse est polie. Vous répondez .... aux questions.

5 Leurs progrès sont constants. Elles progressent ....

6 Tes idées sont claires. Tu formules .... tes idées.

A2 **D** **Ergänzen Sie die Tabelle.**

Adjektiv (m.)	Adverb	Adjektiv (m.)	Adverb	Adjektiv (m.)	Adverb	Adjektiv (m.)	Adverb
1 absolu	absolument	**5** élégant		**9** patient		**13** rapide	
2 actif		**6** gai		**10** pratique		**14** sérieux	
3 bon		**7** lent	lentement	**11** précis		**15** tranquille	
4 différent		**8** mauvais		**12** prudent		**16** vrai	vraiment

B1 **E** **Charakterisieren Sie den idealen Kandidaten. Bilden Sie die passenden Sätze mit Adverbien. Sie haben mehrere Möglichkeiten.**
Beispiel: sérieux dans son travail ▸ *Il fait toujours son travail sérieusement.*

- parfaite connaissance de l'anglais
- gentil avec ses collègues
- habile dans sa manière de négocier
- intelligent dans ses propositions
- efficace dans sa manière de travailler
- patient quand il explique un problème compliqué

....

....

....

15 Der Imperativ
L'impératif

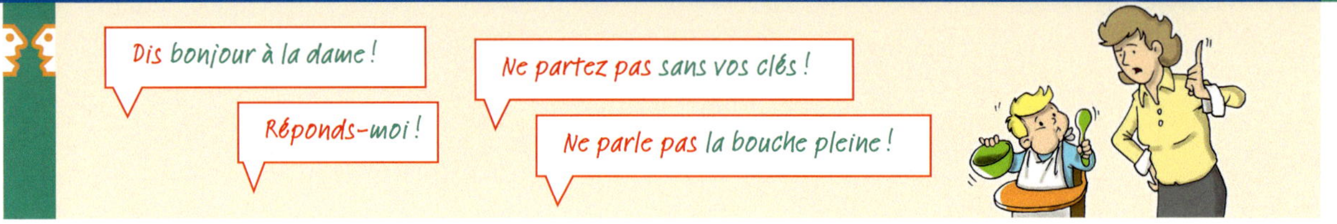

Es gibt im Französischen wie im Deutschen drei Formen des Imperativs. Es gibt eine bejahende und eine verneinende Form, die vom Präsens abgleitet werden – jedoch ohne Personalpronomen.
Bei der verneinenden Imperativform rahmen die Verneinungspartikel das Verb ein.
Ne prends pas de sucre ! *Nimm keinen Zucker!* Ne prenez pas le métro ! *Nehmen Sie nicht die U-Bahn!*

- **Der Imperativ aller Verben auf -er endet in der 2. Person Einzahl auf -e, das s fällt weg.**
  Téléphone à Pierre tout de suite ! *Rufe Pierre sofort an!*
- **Der Imperativ aller anderen Verbgruppen endet in der 2. Person Einzahl auf -s.**
  Attends, j'arrive! *Warte, ich komme gleich!*
- **Die jeweilige Wir-Form und Sie-bzw. Ihr-Form dieser Verbgruppen wird ebenfalls verwendet.**
  Dormez bien ! *Schlafen Sie gut!*
  Buvons à la santé de nos hôtes ! *Lasst uns auf das Wohl unserer Gäste trinken!*
- **Der Imperativ in der 1. Person Mehrzahl wird benutzt, wenn man eine Aufforderung an eine Gruppe ausspricht, zu der man selbst gehört.**
  Restons encore un peu ! *Bleiben wir noch ein bisschen!*
- **Hier einige unregelmäßige Formen des Imperativs.**

Grundform	Du-Form	Wir-Form	Sie- bzw. Ihr-Form
avoir	aie	ayons	ayez
être	sois	soyons	soyez
aller	va *(ohne s!)*	allons	allez
savoir	sache	sachons	sachez
vouloir	*keine Form*	*keine Form*	veuillez

Imperativformen, die auf -a oder -e enden, erhalten aus Aussprachegründen vor en und y ein -s.
Achète de la farine ! Kauf Mehl! *Aber:* Achètes-en un kilo ! *Kauf ein Kilo davon!*
Va donc à la poste ! *Gehe doch auf die Post!* *Aber:* Vas-y ! *Geh doch hin!*

Die Stellung der Objektpronomen

- **Die Stellung der Objektpronomen ändert sich je nach Form des Imperativs. Bei der bejahten Form werden die Objektpronomen mit einem Bindestrich an das Verb angefügt. Das ist *nicht* der Fall bei der *verneinten* Form des Imperativs.**
  Réponds-lui ! Ne lui réponds pas ! *Antworte ihm / ihr. Antworte ihm / ihr nicht!*
- **Bei der bejahten Form des Imperativs werden die Objektpronomen me und te durch moi und toi ersetzt. Bei der verneinten Form bleiben me et te bestehen.**
  Attends-moi ! *Warte auf mich!* Ne m'attends pas ! *Warte nicht auf mich!*
- **Im Fall der reflexiven Verben wird das Pronomen bei der bejahenden Form auch mit einem Bindestrich an das Verb angehängt. Te wird durch toi ersetzt.**
  Assieds-toi ! Asseyons-nous ! Asseyez-vous ! *Setz dich (hin)! Setzen wir uns! Setzen Sie sich!*
  Ne t'assieds pas ! Ne nous asseyons pas ! Ne vous asseyez pas !
  Setz dich nicht (hin)! Setzen wir uns nicht! Setzen Sie sich nicht hin!

> **Das Wichtigste in Kürze**
> - **Die Wir-Form des Imperativs ist nicht so häufig wie im Deutschen.**
> - **Die Stellung der Objektpronomen ändert sich je nach Imperativform (bejaht oder verneint).**

A2 A **Ergänzen Sie die Tabelle mit den restlichen Formen.**

	tu	nous	vous
1	Repose-toi	Reposons-nous	
2	Ne t'énerve pas		Ne vous énervez pas
3		Excusons-nous	Excusez-vous
4	Ne te dépêche pas		Ne vous dépêchez pas
5	Assieds-toi	Asseyons-nous	
6		Ne nous inquiétons pas	Ne vous inquiétez pas
7	Exprime-toi		Exprimez-vous
8	Calme-toi	Calmons-nous	

A2 B **Formulieren Sie die Sätze nach dem Beispiel um. Sie können die Du- oder die Sie-Form verwenden.**
Beispiel: Je peux regarder le western à la télé ? *Bien sûr, regarde le western si tu veux !*

1 Anouk, je peux venir dimanche ?

Bien sûr, ... donc dimanche soir !

2 Chérie, c'est délicieux ! Je peux finir la mousse au chocolat ?

Bien sûr, ... -la, je n'en veux plus !

3 Excusez-moi, je suis fatigué. Je peux m'asseoir un instant ?

Bien sûr, ... dans le fauteuil !

4 Je peux inviter les voisins demain ?

Bien sûr, ... -les à l'apéritif à 7 heures !

5 Je peux réparer mon vélo avant le dîner ?

Bien sûr, ..., tu as le temps !

6 Je peux traduire ton mail en anglais ?

Bien sûr, ..., cela ira plus vite !

7 Pierre, on invite vingt personnes pour la fête ? C'est trop !

D'accord, ... seulement dix personnes si tu veux !

8 On peut s'asseoir sur ce vieux canapé ?

Si vous voulez, mais .... avec précaution, il n'est pas solide !

B1 C **Was darf man als Gast nicht machen? Formulieren Sie ein paar Grundregeln, in denen Sie die verneinende Form des Imperativs benutzen.**
Beispiel: *Ne parlez pas la bouche pleine !*

1 arriver avec une heure de retard ....

2 commencer à manger sans attendre les autres invités ....

3 manger avec ses doigts ....

4 faire du bruit en mangeant ....

5 se servir à boire soi-même ....

6 partir avant la fin du repas ....

A1 A Fügen Sie die Verbformen im Präsens ein und verbinden Sie die Fragen mit den Antworten.

1 Depuis quand est-ce que vous *(faire)* .... du sport ?
2 Vous *(dormir)* .... bien la nuit ?
3 Vous *(vivre)* .... en France depuis combien de temps ?
4 Vous *(pouvoir)* .... traduire cette lettre en italien ?
5 Qu'est-ce que vous *(lire)* .... en ce moment ?
6 Vous *(apprendre)* .... l'espagnol, pourquoi ?
7 Vous *(réfléchir)* .... à une solution pour le baby-sitting samedi soir ?
8 Qu'est-ce que vous *(offrir)* .... à Marie pour Noël ?
9 Quand est-ce que vous *(devoir)* .... partir aux États-Unis ?
10 Est-ce que vous *(vouloir)* .... toujours vendre votre voiture ?

A Nous *(apprendre)* .... l'espagnol parce que nous (vouloir) .... vivre et travailler à Barcelone.
B Non, je *(ne plus vendre)* .... ma voiture !
C Pour Noël je *(offrir)* .... à Marie un week-end à Amsterdam.
D Nous *(faire)* .... du jogging depuis trois ans.
E Désolé, mais je *(ne pas savoir)* .... parler italien !
F Nous *(vivre)* .... en France depuis deux ans.
G Je *(devoir)* .... partir à Boston au mois d'octobre.
H On *(réfléchir)* .... à la question, sans baby-sitter pas de concert samedi soir.
I Actuellement, je *(lire)* .... un livre de John le Carré.
J Non, je *(ne pas dormir)* .... bien, cinq heures maximum !

Points ☐ /10

1 ☐ 2 ☐ 3 ☐ 4 ☐ 5 ☐ 6 ☐ 7 ☐ 8 ☐ 9 ☐ 10 ☐

A1 B Setzen Sie die richtige Form der Adjektive ein.

1 Vous êtes archéologue ? C'est une profession *(intéressant)* ....
2 Actuellement il y a 27 pays *(européen)* ....
3 Elle est très *(heureux)* .... avec son mari.
4 Son fils a les yeux *(marron)* .... et les cheveux *(brun)* ....
5 Ma collègue est une *(beau)* .... femme, plutôt *(gros)* ...., elle porte des jupes *(long)* .... et elle est assez *(conservateur)* ....
6 Qu'est-ce que vous faites pour le *(nouveau)* .... an ?
7 Le distributeur n'a pas de boissons *(frais)* ....
8 La *(dernier)* .... fois il a organisé une *(super)* .... fête.

Points ☐ /8

A2 **C** **Sagen Sie das Gegenteil in Ihrer Antwort.**
Beispiel: C'est la plus belle ville de la région ? – *Non, c'est la moins belle !*

1 C'est le livre le plus facile à lire ? ....

2 Ce sont les vols les moins chers ? ....

3 C'est la ville la plus intéressante de la région ? ....

4 C'est le médicament le moins fort ? ....

5 C'est l'acteur américain le plus connu ? ....

6 Ce sont les collègues les plus sympathiques ? ....

Points ☐ / 6

B1 **D** **Ergänzen Sie den Text mit dem entsprechenden Adverb.**

1 Elle est polie ? – Oui, elle répond toujours ....

2 Son anglais est parfait ? – Oui, il parle .... anglais.

3 Sa tenue est élégante ? – Oui, elle s'habille ....

4 Vous êtes patiente ? – Oui, j'explique le problème ....

5 Ce restaurant est bon ? – Oui, on mange .... dans ce restaurant.

6 Ses résultats sont mauvais ? – Oui, il travaille ....

Points ☐ / 6

B1 **E** **Bilden Sie Sätze im Imperativ nach dem Muster:**
Beispiel: Je ne vais jamais au théâtre. *Eh bien, vas-y !*

1 Je ne regarde jamais les matchs de foot à la télé. ....!

2 Je ne prends jamais le bus. ....!

3 Je n'accompagne jamais Émilie en voyage d'affaires. ....!

4 Je ne téléphone jamais à mes parents. ....!

5 Je ne dis jamais la vérité à Lucie. ....!

6 Je ne réponds jamais aux questions de Paul. ....!

7 Je n'utilise jamais les parkings payants. ....!

8 Je ne mets jamais de sucre dans mon café. ....!

Points ☐ / 8

16 Das *futur simple*
Le futur simple

L'année prochaine, j'irai à l'île Maurice.

Demain, il fera beau sur toute la France.

J'attendrai toujours ton retour !

Verben auf -er	Verben auf -ir	Verben auf -re
chercher *suchen*	choisir *aussuchen*	attendre *warten*
je chercherai	je choisirai	j' attendrai
tu chercheras	tu choisiras	tu attendras
il/elle/on cherchera	il/elle/on choisira	il/elle/on attendra
nous chercherons	nous choisirons	nous attendrons
vous chercherez	vous choisirez	vous attendrez
ils/elles chercheront	ils/elles choisiront	ils/elles attendront

Im *futur simple* werden die Endungen an die Grundform des Verbs angehängt. Bei Verben auf -re fällt das Endungs -e der Grundform weg.

- **Bei den Verben, die mit -ayer, -oyer, -uyer enden, wird y zu i.**

payer *zahlen*	je paierai	tu paieras	il/elle/on paiera	nous paierons	vous paierez	ils/elles paieront

Ebenso: employer *benutzen* s'ennuyer *sich langweilen*

- Unregelmäßige Verben

Grundform	Futurgrundform	Beispiel	Grundform	Futurgrundform	Beispiel
aller *gehen*	ir-	j'irai	pleuvoir *regnen*	pleuvr-	il pleuvra
avoir *haben*	aur-	j'aurai	pouvoir *können*	pourr-	je pourrai
devoir *müssen*	devr-	je devrai	savoir *wissen*	saur-	je saurai
envoyer s. voir *schicken*	enverr-	j'enverrai	venir *kommen*	viendr-	je viendrai
être *sein*	ser-	je serai	voir *sehen*	verr-	je verrai
faire *machen*	fer-	je ferai	vouloir *wollen*	voudr-	je voudrai
falloir *müssen, erforderlich sein*	faudr-	il faudra			

Gebrauch des *futur simple*

- **Mit dem *futur simple* werden künftige Ereignisse ausgedrückt.**
  Un jour, j'émigrerai au Canada. *Eines Tages werde ich nach Kanada auswandern.*
- **Alle Wetterprognosen werden im *futur simple* gemacht.**
  Demain, il pleuvra sur toute la France. *Morgen wird es in ganz Frankreich regnen.*
- **Feste Absichten oder moralische Gebote sind im *futur simple* formuliert.**
  L'année prochaine, j'arrêterai de fumer. *Nächstes Jahr werde ich mit dem Rauchen aufhören.*
  Tu ne tueras point. *(Bibelspruch) Du sollst nicht töten.*

Das Wichtigste in Kürze

- **Im Deutschen wird das französische *futur simple* oft mit der Präsensform und nicht mit dem Futur wiedergegeben.**
- **In der geschriebenen Sprache wird das *futur simple* häufig eingesetzt, in der gesprochenen Sprache kommt es jedoch seltener vor.**

A1 A Fügen Sie die richtige Form des *futur simple* ein.

1 (être) Madame Giroud .... absente jusqu'au 15 septembre.

2 (venir) Normalement, nous .... à Nantes en septembre.

3 (avoir) Cette fois, le festival de jazz .... plus de jeunes musiciens.

4 (offrir) Cette année, ils .... un voyage aux grands-parents.

5 (pleuvoir) D'après la météo, il .... tout le week-end.

6 (envoyer) D'accord, je vous .... les rapports par mail.

7 (pouvoir) Au début, elle .... habiter chez des amis à Londres.

8 (devoir) Pour ce poste vous .... parler couramment espagnol.

A2 B Bilden Sie Sätze nach folgendem Muster:
Actuellement, je ne parle pas bien russe, mais un jour je parlerai couramment.

1 En ce moment, il n'a pas d'adresse électronique, mais bientôt il .... un ordinateur.

2 Maintenant, je ne comprends pas ton refus, mais un jour je ....

3 Elle est toujours en retard aux rendez-vous, mais un jour elle .... à l'heure !

4 En ce moment, je ne lis rien, mais un jour je .... des romans.

5 Actuellement, nous ne gagnons jamais au loto, mais un jour nous .... !

A2 C Lesen Sie die Schlagzeilen und formulieren Sie die Informationen um.
Beispiel: Festival de musique classique à Aix du 15 au 30 juillet. *(avoir lieu)*
Le Festival de musique classique à Aix aura lieu du 15 au 30 juillet.

1 Visite du président américain en Europe prévue en mai. *(être en visite)*

....

2 Froid et pluie demain sur la Bretagne. *(pleuvoir / faire froid)*

....

3 Augmentation du prix de l'essence la semaine prochaine. *(augmenter)*

....

4 Bob Dylan en concert à Paris le 14 juillet. *(chanter)*

....

5 Le prochain film avec Isabelle Huppert bientôt sur nos écrans. *(sortir)*

....

B1 D Das neue Jahr rückt immer näher! Formulieren Sie einige gute Vorsätze im *future simple*. Sie können sich natürlich auch etwas ganz anderes vornehmen!

ne plus arriver en retard • aller un an à l'étranger • arrêter de fumer • se marier • passer le permis de conduire • apprendre les verbes irréguliers en français • changer de travail • rembourser ses dettes

....

....

....

....

17 Die direkten Objektpronomen
Les pronoms complément d'objet direct

Tu m'aimes ?

Mais oui, je t'aime. Je t'adore.

Die direkten Objektpronomen

Einzahl			Mehrzahl		
1. Person	me	*mich*	**1. Person**	nous	*uns*
vor Vokal u. stummem h	m'	*mich*			
2. Person	te	*dich*	**2. Person**	vous	*euch / Sie*
vor Vokal u. stummem h	t'	*dich*			
3. Person	le	*ihn, es*	**3. Person**	les	*sie*
	la	*sie*			
vor Vokal u. stummem h	l'	*ihn, sie, es*			

Die direkten Objektpronomen richten sich in Zahl und Geschlecht nach dem Akkusativobjekt, auf das sie sich beziehen.
Tu rencontres Pierre aujourd'hui ? Oui, je le rencontre à deux heures.
Triffst du Pierre heute? Ja, ich treffe ihn um zwei Uhr.
Vous voyez Julie au bureau ? Oui, je la vois au bureau. *Sehen Sie Julie im Büro? Ja, ich sehe sie im Büro.*

Die Stellung der direkten Objektpronomen im Satz

- **Die Objektpronomen stehen *vor* dem konjugierten Verb. Ist der Satz verneint, so umschließt die Verneinung das Objektpronomen und das Verb.**
  Tu vends ton canapé en cuir ? Oui, je le vends pour 200 €.
  Verkaufst du dein Ledersofa? Ja, ich verkaufe es für 200 €.
  Tu vends ton canapé en cuir ? Non, je ne le vends pas, c'est un souvenir !
  Verkaufst du dein Ledersofa? Nein, ich verkaufe es nicht, es ist eine Erinnerung!
  Tu téléphones à Pierre ce soir ? Oui je lui téléphone vers sept heures.
  Rufst du Pierre heute Abend an? Ja, ich rufe ihn um sieben Uhr an.
  Tu téléphones à Pierre ce soir ? Non, je ne lui téléphone pas.
  Rufst du Pierre heute Abend an? Nein, ich rufe ihn nicht an.
- **Steht der Satz im *passé composé* bzw. Plusquamperfekt, dann stehen die Objektpronomen *vor* dem konjugierten Hilfsverb.**
  Vous avez vu son dernier film ? Non, je ne l'ai pas encore vu.
  Haben Sie seinen letzten Film schon gesehen? Nein, ich habe ihn noch nicht gesehen.
  Tu avais envoyé les photos à Sophie ? Non, je ne lui avais pas envoyé les photos.
  Hattest du die Bilder an Sophie geschickt? Nein, ich hatte ihr die Bilder nicht geschickt.
- **Bei Verben, die einen Infinitiv nach sich ziehen, steht das Objektpronomen vor dem Infinitiv, auf den es sich bezieht.**
  Tu peux prêter ta voiture ? Désolé, je ne peux pas la prêter.
  Kannst du dein Auto ausleihen? Tut mir leid, ich kann es nicht ausleihen.
- **Bei der bejahten Form des Imperativs wird das Objektpronomen mit einem Bindestrich an das Verb angehängt.**
  On invite Sophie et Antoine dimanche? D'accord, invite-les !
  Sollen wir Sophie und Antoine am Sonntag einladen? Einverstanden, lade sie ein.

Das Wichtigste in Kürze
- **Achten Sie auf die Stellung der direkten Objektpronomen im Satz. Sie stehen vor dem konjugierten Verb.**

A1 **A** **Beantworten Sie die Fragen mit le, la, l' oder les.**

1 Tu écoutes souvent la radio ?

Oui, je .... écoute au moins deux heures par jour.

2 Tu invites tes amis la semaine prochaine ?

Oui, je .... invite pour dimanche.

3 Vous avez notre numéro de téléphone à Paris ?

Oui, je .... ai dans mon carnet d'adresses.

4 Tu rencontres Sophie à Londres ?

Oui, je .... rencontre le week-end prochain.

5 Tu finis tes rapports pour la réunion de demain ?

Oui, je .... finis ce soir.

6 Tu connais mon professeur de yoga, Michel Monéger ?

Oui, je .... connais bien, j'ai fait aussi du yoga avec lui.

7 Tu apportes le pique-nique dimanche ?

Pas de problème, je .... apporte, je viens en voiture.

A2 **B** **Fügen Sie das richtige Objektpronomen ein.**

1 Vous connaissez mes amis suisses ? – Non, je ne .... connais pas.

2 Qui est cette jeune femme ? – Je ne sais pas, mais je .... rencontre souvent dans le bus.

3 Tu revois souvent ton frère Paul ? – Oui, je .... revois l'été en Bretagne.

4 On invite nos voisins à l'apéritif ? – D'accord, on peut .... inviter demain.

5 Vous gardez souvent la petite fille d'Evelyne ? – Non, je ne .... garde pas souvent, seulement le samedi soir.

6 Vous avez la nouvelle adresse de Sylvie ? Non, mais je peux .... trouver sur Internet.

7 On jette ces vieux pulls ? Non, on .... garde pour faire du jardinage.

B1 **C** **Beantworten Sie die Fragen und benutzen Sie dabei das richtige Objektpronomen.**
Beispiel: Tu as déjà fait ton test ? *Oui, je l'ai fait ce matin.*

1 Tu as déjà demandé ton visa pour la Russie ?

Non, *(ne pas encore)* je ....

2 Tu as laissé tes papiers au bureau ?

Non, *(ne pas)* je ....

3 Vous avez oublié son anniversaire ?

Non, *(ne jamais)* je ....

4 Tu as réparé mon vélo ?

Non, (ne pas) je ....

5 Vous aidez vos enfants à faire leurs devoirs ?

Non, (ne jamais) je .... à faire leurs devoirs.

18 Die indirekten Objektpronomen

Les pronoms complément d'objet indirect

Die indirekten Objektpronomen

Einzahl			Mehrzahl		
1. Person	me	*mir*	**1. Person**	nous	*uns*
vor Vokal u. stummem h	m'	*mir*			
2. Person	te	*dir*	**2. Person**	vous	*euch / Ihnen*
vor Vokal u. stummem h	t'	*dir*			
3. Person	lui	*ihm, ihr*	**3. Person**	leur	*ihnen*

- **Die indirekten Objektpronomen richten sich in Zahl und Geschlecht nach dem Dativobjekt, auf das sie sich beziehen.**
- **Ein indirektes Objekt kommt immer bei Verben vor, die die Präposition à nach sich ziehen.**

demander quelque chose *(Abk. qc)* à quelqu'un *(Abk. qn)* *jmdn. etwas fragen*			
donner qc à qn	*jmdm. etwas geben*	montrer qc à qn	*jmdm. etwas zeigen*
écrire qc à qn	*jmdm. etwas schreiben*	parler à qn	*mit jmdm. sprechen*
envoyer qc à qn	*jmdm. etwas schicken*	téléphoner à qn etc.	*jmdn. anrufen usw.*

- **Achtung: lui entspricht einem männlichen und einem weiblichen Dativobjekt.**
  Tu envoies un mail à Pierre ? D'accord, je lui envoie un mail tout de suite.
  Schickst du Pierre eine Mail? Einverstanden, ich schicke ihm sofort eine E-Mail.
  Tu envoies un mail à Julie ? D'accord, je lui envoie un mail tout de suite.
  Schickst du Julie eine Mail? Einverstanden, ich schicke ihr sofort eine E-Mail.

Die Stellung der indirekten Objektpronomen im Satz

- **Die Objektpronomen stehen *vor* dem konjugierten Verb. Ist der Satz verneint, so umschließt die Verneinung das Objektpronomen und das Verb.**
  Tu téléphones à Pierre ce soir ? Non, je ne lui téléphone pas.
  Rufst du Pierre heute Abend an? Nein, ich rufe ihn nicht an.
- **Steht der Satz im *passé composé* bzw. Plusquamperfekt, dann stehen die Objektpronomen *vor* dem konjugierten Hilfsverb.**
  Tu avais envoyé les photos à Sophie ? Non, je ne lui avais pas envoyé les photos.
  Hattest du die Bilder an Sophie geschickt? Nein, ich hatte ihr die Bilder nicht geschickt.
- **Bei Verben, die einen Infinitiv nach sich ziehen, steht das Objektpronomen vor dem Infinitiv.**
  Tu peux me prêter ta voiture ? Désolé, je ne peux pas te prêter ma voiture.
  Kannst du mir dein Auto ausleihen? Tut mir leid, ich kann dir nicht mein Auto ausleihen.
- **Bei der bejahten Form des Imperativs wird das Objektpronomen mit einem Bindestrich an das Verb angehängt.**
  On écrit à Sophie et Antoine ? D'accord, écrivez-leur!
  Sollen wir Sophie und Antoine schreiben? Einverstanden, schreiben Sie ihnen.

Das Wichtigste in Kürze

- **Direkte und indirekte Objektpronomen unterscheiden sich in der 3. Person Einzahl und Mehrzahl.**
- **Akkusativ- oder Dativergänzungen entsprechen sich nicht immer im Französischen und Deutschen.**

A1 A Beantworten sie die Fragen mit lui oder leur.

1 Vous téléphonez à Lucie aujourd'hui ?

Oui, je ....

2 Vous faites confiance à vos enfants ?

Oui, je .... entièrement confiance.

3 Vous envoyez des fleurs à votre sœur pour son anniversaire ?

Oui, je .... un bouquet de roses.

4 On donne rendez-vous aux parents dans un restaurant ?

Oui, on .... rendez-vous près de chez eux.

A2 B Fügen Sie das richtige Objektpronomen ein.

1 Qu'est-ce qu'on va apporter comme cadeau à Dolorès ? – On va .... apporter une bouteille de champagne.

2 Vous cherchez quelqu'un ? – Oui, mon collègue Michel. Je dois .... parler.

3 Vous pouvez expliquer le travail à Michelle ? – Oui, je vais .... expliquer après le déjeuner.

4 Demande à tes parents de t'acheter un portable ! – Je .... demande tous les jours, mais ils ne veulent pas.

5 Elle ne veut pas raconter cette histoire à sa mère. Elle .... raconte une partie de la vérité.

A2 C Setzen Sie die richtigen Objektpronomen in diesen Abschiedsbrief ein.

Chère Sophie,

Je .... [1] aime beaucoup. Malheureusement, je pense que nous n'avons plus assez de contacts. Moi, je .... [2] connais bien, mais toi, tu .... [3] connais mal ! Tu n'aimes pas mes amis, moi je .... [4] adore. Tu es très influencée par ta famille qui .... [5] trouve trop vieux pour toi. Surtout tu ne .... [6] téléphones plus, tu ne .... [7] envoies plus de mails. Je pense qu'il faut .... [8] quitter. Adieu

Antoine

B1 D Beantworten Sie die Fragen und benutzen Sie dabei das richtige Objektpronomen.
Beispiel: Tu as répondu à ta sœur ? *Oui, je lui ai répondu ce matin.*

1 Les enfants ont déjà écrit à grand-mère pour Noël ?

Non, *(ne pas)* ils ....

2 Elle a déjà téléphoné aux clients pour déplacer le rendez-vous ?

Non, *(ne pas)* elle ....

3 Tu as laissé tes papiers au bureau ?

Non, *(ne pas)* je ....

4 Vous avez menti aux malades sur les effets de ce médicament ?

Non, *(ne pas)* nous ....

19 Die reflexiven Verben
Les verbes pronominaux

Ils se sont retrouvés 30 ans plus tard …
Promenons-nous dans les bois pendant que le loup n'y est pas ! Kinderlied

Bildung der reflexiven Verben im Präsens

se coucher *schlafen gehen*	
je me couche	je ne me couche pas
tu te couches	tu ne te couches pas
il/elle/on se couche	il/elle/on ne se couche pas
nous nous couchons	nous ne nous couchons pas
vous vous couchez	vous ne vous couchez pas
ils/elles se couchent	ils/elles ne se couchent pas

- **Das reflexive Verb und das Reflexivpronomen, das sich auf das Subjekt bezieht, werden flektiert. Vor Vokal und stummem h werden die Reflexivpronomen me, te, se zu m', t', s'.**
  Elle s'habille. *Sie zieht sich an.*
- **Anders als im Deutschen stehen diese Pronomen vor dem konjugierten Verb.**
- **Ein Verb, das im Französischen reflexiv ist, muss im Deutschen nicht reflexiv sein und umgekehrt!**
  s'appeler *heißen*; se coucher *schlafen gehen*; se lever *aufstehen*; se promener *spazieren gehen*

Bildung der reflexiven Verben im *passé composé*

se coucher *schlafen gehen*	
je me suis couché(e)	je ne me suis pas couché(e)
tu t'es couché(e)	tu ne t'es pas couché(e)
il/elle/on s'est couché(e)(s)	il/elle/on ne s'est pas couché(e)(s)
nous nous sommes couché(e)s	nous ne nous sommes pas couché(e)s
vous vous êtes couché(e) / couché(e)s	vous ne vous êtes pas couché(e) / couché(e)s
ils/elles se sont couché(e)s	ils/elles ne se sont pas couché(e)s

- ***Alle* Reflexivverben bilden das *passé composé* mit être. Das Partizip Perfekt wird wie ein Adjektiv dem Subjekt angeglichen. Setzt sich das Subjekt in der Mehrzahl aus unterschiedlichen Geschlechtern zusammen, so wird die männliche (Plural)Form verwendet.** Antoine et Sophie se sont couchés à minuit.
  Antoine und Sophie haben sich um Mitternacht schlafen gelegt.
- **Bei reflexiven Verben mit passiver Bedeutung wird das Partizip Perfekt dem Subjekt angeglichen.**
  L'utilisation du portable s'est généralisée. *Die Handy-Benutzung hat sich allgemein verbreitet.*

Angleichung des Partizips Perfekt bei Reflexivverben mit Objektergänzung

- **Das Partizip Perfekt bleibt unverändert, wenn ein direktes Objekt *nach* dem reflexiven Verb steht.**
  Ils se sont lavé les mains. *Sie haben sich die Hände gewaschen.*
- **Bei reziproken Verben mit direkter Objektergänzung wird das Partizip Perfekt nur als direktes Objekt vor dem Verb angeglichen.**
  Ils se sont embrassés. *Sie haben sich (gegenseitig) geküsst.*
  Zum Vergleich: Ils ont embrassé leur fille. Ils l'ont embrassée.
- **Bei Verben mit indirektem Objekt (z. B. mit der Präposition à) bleibt das Partizip Perfekt unverändert.**
  Anne a parlé à Sophie et Sophie a parlé à Anne = Ils se sont parlé. *Sie haben miteinander gesprochen.*

Das Wichtigste in Kürze
- Die reflexiven Verben entsprechen sich im Französischen und im Deutschen nicht immer!
- Achten Sie auf die Regel zur Angleichung des Partizips Perfekt bei Reflexivverben im *passé composé*!

A1 A Setzen Sie die richtigen Formen der Verben ins Präsens.

1 (se demander) Je .... pourquoi elle ne téléphone pas.

2 (se lever) D'habitude, nous .... vers dix heures le dimanche.

3 (se laver) Ce pull .... à la main.

4 (se souvenir) Tu .... encore de son nom de famille ?

5 (s'occuper) Ils .... de leurs petits-enfants le week-end.

6 (s'intéresser) Vous .... à la politique ?

7 (se manger) La quiche, ça .... chaud !

8 (se prononcer) Plougastel Daoulas, ça .... comment ?

A2 B Setzen Sie die Verben im Präsens ins *passé composé*.

1 Elle se repose bien pendant les vacances en Bretagne.

....

2 Je ne me souviens pas de son nom de famille.

....

3 Il s'endort au cinéma.

....

4 Nous nous réveillons plusieurs fois à cause du bruit.

....

5 Je me dépêche de rentrer avant l'orage.

....

6 Vous vous couchez à quelle heure pendant les vacances ?

....

7 Les nouveaux portables se vendent très bien.

....

8 Elle se marie avec un ami d'enfance.

....

B1 C Fügen Sie das *passé composé* ein. Achten Sie auf die Angleichung des Partizips!

1 (se sourire) Elles .... avant de se reconnaître.

2 (se rencontrer) Quand ils ...., elle avait 18 ans et lui 25.

3 (se terminer mal) Leur liaison ....

4 (se généraliser) Depuis quelques années la traduction de tous les documents en anglais

....

5 (se battre) Après le match de foot les supporters ....

6 (se téléphoner) Pendant des années nous .... le dimanche matin.

7 (ne pas se dire bonjour) Elles sont fâchées, elles .... ce matin au bureau.

8 (ne pas se raser) Il .... pendant trois semaines.

20 Zeiten der Unmittelbarkeit des Geschehens
Le passé récent, le futur proche, le présent progressif

Il vient d'arriver ?
Non, il va arriver ! ...
Il est en train d'atterrir.

Das *passé récent*

Das *passé récent* wird mit venir im Präsens als Hilfsverb + de + Infinitiv des Verbs gebildet.

je viens d'arriver	nous venons d'arriver
tu viens d'arriver	vous venez d'arriver
il/elle/on vient d'arriver	ils/elles viennent d'arriver

- **Das *passé récent* drückt eine unmittelbare Vergangenheit aus. Diese Zeit wird oft benutzt, um eine Frage im *passé composé* zu beantworten.**
  Sophie est arrivée ? – Oui, elle vient d'arriver. *Ist Sophie angekommen? – Ja, sie ist gerade angekommen.*
- **Man kann diese Unmittelbarkeit des Geschehens mit juste verstärken.**
  Ah te voilà ! On vient juste de parler de toi ! (= il y a quelques minutes)
  Da bist Du ja! Wir haben gerade über dich geredet! (= vor ein paar Minuten)
- **Beim *passé récent* stehen die Personalpronomen bzw. Adverbialpronomen vor dem Infinitiv.**
  Vous avez vu le dernier film de Woody Allen ? – Oui, je viens de le voir.
  Haben Sie den letzten Film von Woody Allen gesehen? – Ja, ich habe ihn gerade gesehen.
  Tu t'es occupé de la réservation ? – Oui, je viens de m'en occuper.
  Hast du dich um die Reservierung gekümmert? – Ja, ich habe mich gerade darum gekümmert.

Das *futur proche*

Das *futur proche* wird mit aller im Präsens als Hilfsverb + Infinitiv des Verbs gebildet.

je vais arriver	nous allons arriver
tu vas arriver	vous allez arriver
il/elle/on va arriver	ils/elles vont arriver

- **Das *futur proche* drückt die nahe Zukunft aus. Die beschriebene Handlung wird dabei als wahrscheinlich bzw. sicher angesehen. In der gesprochenen Sprache hat das *futur proche* eine hohe Frequenz und verdrängt das *futur simple*.**
  Attention, le train pour Paris va partir dans quelques instants !
  (Ansage) Achtung, der Zug nach Paris fährt in einigen Minuten los!
- **Bei dem *futur proche* werden die Personalpronomen bzw. Adverbialpronomen vor den Infinitiv gestellt.**
  Il est allé à l'aéroport ? – Oui, il va y aller tout de suite.
  Ist er zum Flughafen gefahren? – Ja, er wird gleich fahren.

Das *présent progressif*

Das *présent progressif* wird mit être en train de + Infinitiv des Verbs gebildet, être steht im Präsens.

Tu peux rappeler dans une heure ? Je suis en train de finir une traduction !
Kannst du in einer Stunde zurückrufen? Ich bin gerade dabei, eine Übersetzung fertig zu machen.
L'avion est en train d'atterrir ! *Das Flugzeug landet gerade.*

- **Mit dem *présent progressif* werden Beschreibungen oder Erklärungen abgegeben.**
  Le climat est en train de changer. *Das Klima ist dabei, sich zu verändern.*

> **Das Wichtigste in Kürze**
> - **In der gesprochenen Sprache haben das *passé récent*, das *futur proche* und das *présent progressif* eine hohe Frequenz. Im heutigen Sprachgebrauch verdrängt das *futur proche* das *futur simple*.**
> - **Im Deutschen wird das *futur simple* oft mit dem Präsens wiedergegeben.**

A1 A Bilden Sie Sätze im *passé récent*.

1 (rencontrer) Je .... la nouvelle directrice.

2 (acheter) Tu .... un vélo de course ?

3 (s'apercevoir) Elle .... que l'ordinateur est en panne.

4 (faire) Vous .... une grave erreur.

5 (changer) Nous .... le thème de la réunion.

6 (partir) Trop tard ! Mon train .... !

A1 B Bilden Sie Sätze im *futur proche*.

1 (manger) Ce soir on .... du poulet.

2 (faire) Je .... de la gymnastique trois fois par semaine.

3 (déménager) Ils .... le mois prochain.

4 (prendre) Elle .... sa retraite à 60 ans.

5 (rester) Vous .... combien de temps à Londres ?

6 (traverser) Cette année, ils .... le Sahara en jeep.

A2 C Bilden Sie Sätze.

1 où / allez / cette / vous / année / partir en vacances / est-ce que

....

2 vas / ton / vendre / combien / tu / appartement / à Nice

....

3 en train de / elle / sur son portable / téléphoner / une heure / depuis / est

....

4 les enfants / apprendre à / viennent d' / nager

....

B1 D Fügen Sie die passenden Zeiten und Pronomen in die Antworten ein.

1 Tu as parlé à Gérard ?

– Oui, je *(venir de)* ....

2 Tu es déjà allé à l'île Maurice ?

– Non pas encore, je *(aller + Infinitiv)* .... cet hiver.

3 Tu as réservé le vol pour la semaine prochaine ?

– Oui, je *(venir de)* ....

4 Tu as fait les courses pour le week-end ?

– Non pas encore, mais je *(aller + Infinitiv)* ....

5 Tu as payé la facture d'électricité ?

– Oui, je *(venir de)* ....

6 Tu t'occupes des invitations ?

– Oui, je *(être en train de)* ....

Leçons 16 – 20

A1 A Fügen Sie das *futur simple* ein.

1 Cet hiver le violet et le rouge *(être)* .... à la mode.

2 On *(employer)* .... une nouvelle méthode pour sécuriser les données bancaires.

3 La semaine prochaine, tu *(devoir)* .... venir nous chercher en voiture.

4 Cet été, je *(ne pas faire)* .... un pique-nique pour mon anniversaire.

5 Cette fois, vous *(envoyer)* .... les documents par la poste, s'il vous plaît.

6 Elle *(pouvoir)* .... commencer à travailler à partir du 1er octobre.

7 Il *(falloir)* .... payer un supplément pour le petit-déjeuner.

8 Ils *(finir)* .... leurs études l'année prochaine.

9 Le film est très intéressant, vous *(ne pas s'ennuyer)* .... !

10 Nous *(ne pas aller)* .... à Barcelone à Pâques.

11 Le directeur *(recevoir)* .... les candidats demain matin à 11 heures.

12 Cette sculpture *(valoir)* .... très cher dans quelques années.

13 La semaine prochaine tout le monde *(savoir)* .... pourquoi il n'est plus candidat.

14 Je suis désolée, mais je *(ne pas avoir)* .... le temps de venir te voir ce week-end.

Points ☐ /14

A2 B Setzen Sie alle Verben im Text ins *futur simple.*

Lundi prochain le président espagnol arrive à 10 heures à l'aéroport Charles de Gaulle. Il est en visite officielle. Le ministre français des Affaires étrangères va le chercher à l'aéroport avec une délégation. Ils se rendent ensuite directement au Palais de l'Élysée où le président de la République française organise une réception et où de nombreux hommes d'affaires sont présents. L'après-midi, il y a une réunion de travail où ils parlent des différents problèmes entre les deux pays. Les journalistes font une interview avec le président espagnol en fin d'après-midi qui répond aux questions en français. Cette journée se termine à l'Opéra de Paris. Le président espagnol repart à Madrid le mardi matin.

Points ☐ /12

A2 C Wählen Sie die richtige Antwort.

1 Sabine ? Désolée mais je ne ☐ le ☐ la ☐ les connais pas !

2 Tu es amoureux d'Anna ? Ah oui, je ☐ la ☐ le ☐ l'aime passionnément !

3 Mes parents ? Je ☐ le ☐ la ☐ les vois une fois par semaine.

4 Victor ? Tu peux ☐ la ☐ l' ☐ le inviter demain soir si tu veux.

5 C'est l'anniversaire de Sophie, on ☐ le ☐ la ☐ l'emmène au festival de jazz ?

6 Le match de foot à la télé ? Oui, je ☐ les ☐ la ☐ le regarderai ce soir.

7 Mes exercices de grammaire ? Je ☐ le ☐ la ☐ les ferai ce soir.

8 Ces chaussures vertes en solde ? Non, je ne ☐ la ☐ les ☐ l'achèterai pas, je n'aime pas la couleur.

Points ☐ /8

A2 **D** **Wählen Sie die richtige Antwort.**

1 Nous avons un jeune stagiaire. Demain je dois ☐ lui ☐ nous ☐ leur expliquer le fonctionnement du service.

2 Mes ex-collègues ? Je ☐ vous ☐ lui ☐ leur téléphone une fois par semaine.

3 Donnez-vous de l'argent de poche à vos enfants ? – Oui, je ☐ vous ☐ leur ☐ lui donne 20 € par mois.

4 Je dois passer un examen lundi ! – Alors, je ☐ me ☐ lui ☐ te souhaite bonne chance !

5 Vous écrivez souvent à vos amis ? – Non, je ☐ leur ☐ lui ☐ vous écris en général une fois par an, à Noël.

6 Ils font confiance à cet homme politique ! Mais nous ne ☐ lui ☐ te ☐ leur faisons pas vraiment confiance.

7 Tu viendras à ma fête ? Tu ☐ lui ☐ leur ☐ me promets de venir cette fois ?

8 Nos voisins ne nous aiment pas beaucoup, ils ne ☐ lui ☐ leur ☐ nous parlent plus.

Points ☐ / 8

A2 **E** **Beantworten Sie die Fragen im Präsens.**

1 Est-ce que tu te couches tôt ? – Oui, je .... à 22 heures.

2 Est-ce que vous vous reposez l'après-midi ? – Non, je ...., je ne fais jamais de sieste.

3 Est-ce que vous vous intéressez à la botanique ? – Oui, nous .... à la botanique, nous connaissons beaucoup de noms de fleurs.

4 Est-ce que tu te maquilles avant d'aller au bureau ? – Non, je ....

5 Est-ce que vous vous souvenez de votre grand-mère ? – Oui, je .... très bien d'elle.

6 Est-ce que vous vous rencontrez pendant les vacances scolaires ? – Non, nous ....

7 Est-ce que tu te disputes avec ton chef ? – Oui, je .... souvent avec lui, il veut toujours avoir raison.

8 Est-ce que vous vous habituez à votre nouveau rythme de travail ? – Oui, je .... lentement à ce rythme.

9 Est-ce que tu te baignes tous les jours au bord de la mer ? – Non, je .... tous les jours, l'eau doit faire au moins 20 degrés !

10 Est-ce que vous vous préparez au match de foot ? – Oui, je .... bien au match, je fais du jogging.

Points ☐ /10

B1 **F** **Verwenden Sie in den Antworten die passenden Zeiten und Pronomen.**

1 Vous avez aussi invité les Durand à la fête ?

– Oui, je *(venir de)* ....

2 Vous avez déjà organisé une rencontre sportive internationale ?

– Non pas encore, nous *(aller+Infinitiv)* .... l'année prochaine au mois de mai.

3 Tu as fait les réservations de chambre à l'hôtel pour la semaine prochaine ?

– Oui, je *(venir de)* ....

4 Quand est-ce que vous partez travailler à Londres ?

– Je ne sais pas encore mais je *(aller+Infinitiv)* .... bientôt.

5 Tu as enfin envoyé la facture à Monsieur Gaumet ?

– Oui, je *(venir de)* .... ce matin.

Points ☐ / 5

21 Die Pronomen *en* und *y*

Les pronoms *en* et *y*

Tu me prêtes ta voiture? Désolé, j'en ai besoin!
Vous connaissez la Corse? Oui, j'y suis déjà allé trois fois.

Das Adverbialpronomen en

- **en steht in Verbindung mit Mengenangaben.**
  + Substantiv
  Vous avez acheté un paquet de café ? – Oui, j'en ai acheté un. *Ja, ich habe eins (davon) gekauft.*
  + Teilungsartikel + Substantiv
  Tu prends de la salade ? – Non merci, je n'en prends pas. *Nein, danke, ich nehme nichts (davon).*
  + des + Substantiv
  Vous avez des enfants ? – Oui, j'en ai trois. *Ja, ich habe drei.*
  + Adverbien
  Vous faites du sport ? – J'en fais un peu le week-end. *Ich mache ein wenig (davon) am Wochenende.*
  + Zahlwörter
  Vous avez combien de vélos ? – J'en ai deux. *Ich habe zwei (davon).*
  + Indefinitpronomen
  Tu as fait tous tes exercices ? – Oui, j'en ai fait plusieurs. *Ja, ich habe einige (davon) gemacht.*
- **en steht für Ortsbestimmungen mit de.**
  rentrer de *zurückkehren von*; revenir de *zurückkommen von*; venir de *kommen aus*
  Tu es déjà revenu d'Oslo ? – J'en suis revenu hier. *Ich bin gestern (von dort) zurückgekommen.*
- **en steht als Ergänzung für indirekte Objekte mit de.**
  avoir besoin de *etwas brauchen*; rêver de *von etwas träumen*; s'occuper de *sich um etwas kümmern*
  Tu te souviens de ce petit village ? – Oui, je m'en souviens très bien ! *Ja, ich kann mich gut daran erinnern.*

! Handelt es sich beim indirekten Objekt um eine ***Person***, so steht de mit einem betonten Personalpronomen.
Tu te souviens de Jean ? – Oui, je me souviens très bien de lui. *Ja, ich kann mich gut an ihn erinnern.*

- **Stellung von en im Satz**
  Das Pronomen en steht vor dem konjugierten Verb *bzw.* Hilfsverb im *passé composé* oder Plusquamperfekt.
  Tu as déjà mangé du serpent ? – Non, je n'en ai jamais mangé ! *Nein, ich habe niemals davon gegessen!*

Das Adverbialpronomen y

- **y steht bei Ortsbestimmungen mit à.**
  aller à *hingehen/hinfahren nach*; habiter à *wohnen in*; partir à *(weg)fahren nach*
  Tu restes combien de temps à Paris? – J'y reste deux jours. *Ich bleibe zwei Tage dort.*
- **y steht für Ergänzungen bei indirekten Objekten mit à.**
  faire attention à *aufpassen auf*; jouer à *etwas spielen*; penser à *denken an*; s'habituer à *sich an etwas gewöhnen*; s'intéresser à *sich für etwas interessieren*; répondre à *etwas beantworten*
  Tu penses toujours aux vacances ? Oui, j'y pense souvent. *Ja, ich denke oft daran.*

! Handelt es sich beim indirekten Objekt um eine ***Person***, so steht à mit einem betonten Personalpronomen.
Elle pense encore à Antoine ? – Oui, elle pense à lui souvent. *Denkt sie noch an Antoine? – Ja, sie denkt oft an ihn!*

- **Stellung von y im Satz**
  Das Pronomen y steht vor dem konjugierten Verb bzw. Hilfsverb im *passé composé* oder Plusquamperfekt.
  Tu as pensé à son anniversaire ? – Je n'y ai pas pensé. *Ich habe nicht daran gedacht.*
  New York ? Sa carrière y avait commencé ! *New York? Ihre Karriere hatte dort angefangen!*

> **Das Wichtigste in Kürze**
> - **en und y ergänzen wichtige Wortgruppen im Satz; en wird im Deutschen oft nicht übersetzt.**
> - **Handelt es sich beim indirekten Objekt um eine Person, so werden weder en noch y verwendet, sondern die betonten Personalpronomen (moi, toi, lui usw.).**

A1 **A** **Antworten Sie auf die Fragen wie im Beispiel.**

Beispiel: Vous avez des lunettes de soleil ? *(deux paires) – Oui, j'en ai deux paires.*

1 Tu as acheté des tomates ? *(un kilo)*

– Oui, ...

2 Vous avez du travail ? *(beaucoup)*

– Oui, ...

3 Ils achètent du poisson ? *(une fois par semaine)*

– Oui, ...

4 Vous mangez des croissants au petit déjeuner ? *(deux)*

– Oui, ...

5 Il reste de la confiture ? *(trois pots)*

– Oui, ...

6 Tu t'occupes des visas ? *(demain)*

– Oui, ...

A1 **B** **Verwenden Sie Adverbialpronomen, um die Fragen zu beantworten.**

1 Tu vas à la poste ? *(dans une heure)*

– Oui, ...

2 Ils sont en Bretagne ? *(pour un mois)*

– Oui, ...

3 Vous restez tard au bureau aujourd'hui ? *(jusqu'à 6 heures)*

– Oui, ...

4 Ils s'intéressent à la politique ? *(beaucoup)*

– Oui, ...

5 Vous vous habituez à votre nouvelle vie ? *(lentement)*

– Oui, ...

6 Tu réponds à ma question ? *(tout de suite)*

– Oui, ...

A2 **C** **en oder y ? Ergänzen Sie die Sätze mit dem richtigen Pronomen.**

1 Qu'est-ce qu'on va faire le week-end prochain ? – Je ne sais pas encore, je vais ..... réfléchir !

2 Vous avez combien de petits-enfants ? – On ..... a sept en tout.

3 Tu connais bien l'Espagne ? – Oui, j'..... suis allée trois fois.

4 Elle rêve d'une maison au bord de la mer. Et toi ? – Moi aussi, j'..... rêve depuis longtemps.

5 Vous avez répondu à la proposition de Sophie ? – Non, je n'..... ai pas encore répondu.

6 Tu t'es occupé de la réparation de la voiture ? – Non, mais je vais m'..... occuper cette semaine.

7 Elle pense souvent à son avenir ? – Oui, elle ..... pense souvent.

8 Vous avez des amis français ? – Oui, j'..... ai quelques-uns.

22 Das Perfekt mit *avoir*

Le passé composé avec *avoir*

> Hier, j'ai téléphoné à Sophie.
>
> Et qu'est-ce qu'elle a dit?
>
> Elle n'a rien dit de nouveau.

Das *passé composé* (Perfekt) besteht aus den konjugierten Formen der Hilfsverben avoir oder être im Präsens und dem *participe passé* (Partizip Perfekt).

Bejahende Form

chercher *suchen*	
j'ai cherché	nous avons cherché
tu as cherché	vous avez cherché
il/elle/on a cherché	ils/elles ont cherché

Verneinende Form

chercher *suchen*	
je n'ai pas cherché	nous n'avons pas cherché
tu n'as pas cherché	vous n'avez pas cherché
il/elle/on n'a pas cherché	ils/elles n'ont pas cherché

- **Mit dem *passé composé* werden Ereignisse wiedergegeben, die den Vordergrund einer Erzählung bilden.**
  Hier, j'ai déjeuné avec mes collègues, après j'ai organisé une réunion et le soir j'ai rencontré des amis.
  Gestern habe ich mit Kollegen zu Mittag gegessen, danach habe ich eine Sitzung organisiert und am Abend habe ich Freunde getroffen.
- **Die meisten Verben bilden das *passé composé* mit avoir, darunter alle transitiven Verben (mit direkter Objektergänzung) und alle intransitiven Verben (ohne direkte Objektergänzung).**
  J'ai cherché ton adresse. *Ich habe deine Adresse gesucht.* Il a neigé. *Es hat geschneit.*
- **Im Unterschied zum Deutschen bilden die Verben, die eine Bewegungsart beschreiben, das *passé composé* mit avoir, z. B. courir *rennen*; marcher *zu Fuß gehen*; nager *schwimmen*; voler *fliegen***
  On a beaucoup marché dans les Ardennes. *Wir sind in den Ardennen viel gelaufen.*

! être bildet das *passé composé* mit avoir.
J'ai été malade ce week-end. *Am Wochenende bin ich krank gewesen.*

- **Einige Verben bilden das *passé composé* mit avoir oder être, je nach Objektergänzung. Folgt ein direktes Objekt, wird das Verb mit avoir gebildet.**

descendre	J'ai descendu les valises. *Ich habe die Koffer hinuntergetragen.*
monter	Elle a monté la poussette. *Sie hat den Kinderwagen hinaufgetragen.*
rentrer	Il a rentré la voiture au garage. *Er hat den Wagen in die Garage gefahren.*

Bildung des participe passé (Partizip Perfekt)

- **Das *participe passé* wird bei regelmäßigen Verben von der Grundform abgeleitet.**
  Verben auf -er ▸ é cherché *gesucht*
  Verben auf -ir ▸ i dormi *geschlafen* fini *beendet*
  Verben auf -re ▸ u attendu *gewartet* lu *gelesen*
- **Einige wichtige Verben mit unregelmäßigen Formen des Partizips.**

avoir	eu	gehabt	boire	bu	getrunken	connaître	connu	gekannt
courir	couru	gelaufen	craindre	craint	gefürchtet	croire	cru	geglaubt
devoir	dû	gemusst	dire	dit	gesagt	écrire	écrit	geschrieben
être	été	gewesen	faire	fait	gemacht	mettre	mis	hingestellt
ouvrir	ouvert	geöffnet	plaire	plu	gefallen	pleuvoir	plu	geregnet
pouvoir	pu	gekonnt	prendre	pris	genommen	recevoir	reçu	bekommen
tenir	tenu	gehalten	voir	vu	gesehen	vouloir	voulu	gewollt

Das Wichtigste in Kürze

- Die meisten Verben bilden das *passé composé* mit avoir.
- Beim *passé composé* ist das Hilfsverb im Deutschen und Französischen nicht immer gleich:
  Il a beaucoup voyagé. ***Er ist viel gereist.***

A1 **A** **Setzen Sie die folgenden Sätze ins *passé composé*.**

1 Je cherche mes clés de voiture.

....

2 Elle finit ses études.

....

3 Ils ne prennent pas de vacances en mai.

....

4 Tu mets les bagages dans le coffre ?

....

5 J'ai la grippe.

....

6 Il n'est pas employé à la poste.

....

7 Elles répondent à cette question en anglais.

....

A1 **B** **Fügen Sie die Verben im *passé composé* ein.**

1 *(regarder)* Vous n' .... pas .... la télé hier soir ?

2 *(lire)* J'........................ .... un roman policier dans le train.

3 *(faire)* Qu'est-ce que vous .... aujourd'hui ?

4 *(offrir)* Elle .... jamais .... de voyage à sa mère.

5 *(boire)* On .... du champagne comme apéritif.

6 *(attendre)* J' .... le bus une demi-heure.

A2 **C** **Fügen Sie jeweils das passende Verb im *passé composé* ein.**

déjeuner • travailler • décider • participer • boire • lire • finir • décider •
manger • faire (2 ×) • être

Quelle journée !

Hier, j'........... .... [1] toute la journée. J'........... .... [2] à neuf heures, j'........... .... [3] à sept heures du soir. Je n'.............. jamais .... [4] de pause. Le matin, j'........... .... [5] à deux réunions, mais on n'.............. rien .... [6] ! À midi, je n'.............. pas .... [7] à la cantine, j'.......... .... [8] un sandwich dans un café et j'........... .... [9] une eau minérale. L'après-midi, j'............... .... [10] mes mails et j'........... .... [11] un nouveau planning. Enfin le soir, j'............ .... [12] au théâtre avec des amis.

B1 **D** **Setzen Sie die verneinenden Formen des *passé composé* in den Text ein.**

Quel stress !

Aujourd'hui on *(ne rien faire)* .... [1], les ordinateurs *(ne pas fonctionner)* .... [2], je *(ne pas pouvoir)* .... [3] ouvrir mes mails, j'ai téléphoné au service de dépannage qui *(ne pas répondre)* .... [4]. Je *(ne pas prendre)* .... [5] les billets d'avion, je *(ne pas recevoir)* .... [6] de confirmation pour les réservations d'hôtel. Demain, tout ira mieux !

23 Das Perfekt mit *être*
Le passé composé avec *être*

A: Qu'est-ce qui t'est arrivé ?
B: Je suis tombée dans les escaliers !
Je suis allée tout de suite à l'hôpital ...

Das *passé composé* (Perfekt) besteht aus der konjugierten Präsensform des Hilfsverbs être und dem *participe passé* (Partizip Perfekt). Das Partizip Perfekt wird dabei wie ein Adjektiv ***dem Subjekt*** angeglichen. Setzt sich das Subjekt in der Mehrzahl aus unterschiedlichen Geschlechtern zusammen, so wird die männliche (Plural) Form verwendet. Paul et Anna sont allés à Venise. *Paul und Anna sind nach Venedig gefahren.*

Bejahende Form / **Verneinende Form**

aller *gehen*		aller *gehen*	
je suis allé(e)	on* est / nous sommes allé(e)s	je ne suis pas allé(e)	on n'est pas / nous ne sommes pas allé(e)s
tu es allé(e)	vous êtes allé(e)(s)	tu n'es pas allé(e)	vous n'êtes pas allé(e)(s)
il/elle est allé(e)	ils/elles sont allé(e)s	il/elle n'est pas allé(e)	ils/elles ne sont pas allé(e)s

*Achtung! Ersetzt man on mit nous, wird das Partizip wie bei nous angeglichen.

- **Verben, die eine Bewegungsrichtung ausdrücken, bilden das *passé composé* mit être.**

aller	Elle est allée au cinéma. *Sie ist ins Kino gegangen.*	passer	Nous sommes passés par Dijon. *Wir sind über Dijon gefahren.*
arriver	Je suis arrivée en retard. *Ich bin mit Verspätung angekommen.*	partir	Elle est partie à deux heures. *Sie ist um zwei Uhr weggefahren.*
descendre	Nous sommes descendus à la cave. *Wir sind in den Keller hinuntergegangen.*	rentrer	Nous sommes rentrés vendredi. *Wir sind Freitag zurückgekommen.*
entrer	Elles sont entrées dans la pièce. *Sie sind ins Zimmer hereingekommen.*	retourner	Je suis retournée à Londres. *Ich bin nach London zurückgefahren.*
monter	Elle est montée en premier dans l'avion. *Sie ist als erste in das Flugzeug gestiegen.*	sortir	Elle est sortie de l'école à 5 heures. *Sie ist um 5 Uhr aus der Schule gekommen.*

- **Achtung! Einige Verben bilden das *passé composé* mit avoir oder être, je nach Objektergänzung. Folgt ein Direktobjekt, wird das Verb mit avoir gebildet.**

descendre J'ai descendu les valises dans le hall. *Ich habe die Koffer in die Hotelhalle hinuntergebracht.*
monter Elle a monté la table au 1 étage. *Sie hat den Tisch in den 1. Stock hinaufgetragen.*
passer Tu as passé une bonne journée ? *Hast du einen angenehmen Tag verbracht?*
rentrer Il a rentré la voiture au garage. *Er hat den Wagen in die Garage gestellt.*
Vergleiche:
descendre Elle est descendue à la station Gare de l'Est. *Sie ist an der Gare de l'Est ausgestiegen.*
monter Nous sommes montés à pied. *Wir sind zu Fuß hinaufgegangen.*
passer Vous êtes passés par la Suisse ? *Seid Ihr über die Schweiz gefahren?*
rentrer À quelle heure est-ce que tu es rentrée ? *Um wie viel Uhr bist du heimgekommen?*

- devenir *werden*, naître *geboren werden*, rester *bleiben*, mourir *sterben* **bilden das *passé composé* mit être.**
Marie Curie est née en 1867, elle est morte en 1934. *Marie Curie ist 1867 geboren, sie ist 1934 gestorben.*

- **Alle Reflexivverben bilden das *passé composé* mit être. (s. Lektion 19)**
- **Das *passé composé* gibt Ereignisse wieder, die den Vordergrund der Erzählung bilden.**
Hier, je suis sortie du bureau à six heures, après je suis rentrée chez moi en taxi.
Gestern bin ich um sechs Uhr aus dem Büro gekommen, dann bin ich mit dem Taxi heimgefahren.

Das Wichtigste in Kürze
- **Beim *passé composé* mit être erfolgt eine Angleichung des *participe passé* (Partizip) an das Subjekt.**
- **Je nach Objektergänzung bilden einige Verben das *passé composé* mit avoir oder être.**

A1 A Setzen Sie die folgenden Sätze ins *passé composé*.

1 Elle arrive jeudi.

....

2 Nous descendons du bus au premier arrêt.

....

3 Vous ne passez plus par Strasbourg au retour ?

....

4 Les touristes chinois montent en haut de la Tour Eiffel. ....

5 Je rentre en taxi.

....

6 Elle ne sort jamais par la porte du jardin.

....

7 Ils retournent en Bretagne tous les ans.

....

8 Tu restes longtemps à Paris ?

....

9 Ils retournent à Londres lundi.

....

10 Elle rentre vers dix heures.

....

A2 B Setzen Sie den folgenden Text ins *passé composé*.

Elle part du bureau à 19 heures. Elle va en métro au cinéma. Elle entre dans le cinéma, elle monte dans la salle au premier étage, et là pas de chance, elle tombe dans les escaliers. Mais elle ne va pas à l'hôpital.

....

....

....

....

....

B1 C *Passé composé* mit être oder avoir? Fügen Sie die Verben in der richtigen Form ein.

1 *(passer)* Tu .... à la banque aujourd'hui ?

2 *(descendre)* Elle .... une vieille valise pleine de jouets du grenier.

3 *(naître)* Frédéric Chopin .... en Pologne mais il *(vivre)* .... surtout en France où il *(mourir)* .... en 1849 à Paris à l'âge de 39 ans.

4 *(entrer)* Les cambrioleurs .... par le balcon, ensuite ils *(fouiller)* .... toutes les pièces, ils *(ne rien trouver)* .... et ils *(repartir)* .... par le balcon.

5 *(arriver)* Les pompiers .... très vite sur le lieu de l'accident. *(transporter)* Ils .... les blessés au service des urgences à l'hôpital.

6 *(descendre)* Je crois que je .... trop tôt, le musée est encore à dix minutes à pied !

7 *(rencontrer)* Hier soir, je .... Sylvette et Anouk dans ma rue, *(monter)* elles .... prendre l'apéritif.

8 *(ne pas rentrer)* Tu .... les meubles de jardin comme promis !

24 Die Indefinitbegleiter *tout* und *aucun*
Les indéfinis *tout* et *aucun*

A: Tout va bien?
B: Oui, aucun problème.

A: Tout le monde est prêt?
B: Oui, on est tous là.

Tout *alles / alle / ganz*

- **In der Bedeutung von *alles* ist tout unveränderlich.**
  Il aime tout. *Er mag alles.* Tout est calme. *Alles ist ruhig.*
- **Tout verstärkt andere Begleiter: den bestimmten Artikel, die Possessiv- oder Demonstrativpronomen. In diesem Fall ist tout veränderlich und wird in Geschlecht und Zahl dem beigefügten Substantiv angeglichen.**

Pronomen			
	Neutral	tout	Tout [tu] est calme.
alle	männlich Mehrzahl	tous	Mes amis sont tous venus. Tous [tus] sont venus.
	weiblich Mehrzahl	toutes	J'aime toutes ces couleurs. Je les aime toutes [tut].
Adjektivisch + Begleiter + Substantiv			
ganz	männlich Einzahl	tout	Elle a bu tout le / son / ce café.
	weiblich Einzahl	toute	Il a plu toute la journée.
alle	männlich Mehrzahl	tous	J'ai retrouvé tous mes amis.
	weiblich Mehrzahl	toutes	Il revient toutes les semaines.
Adverbial			
ganz	+ Adjektiv männlich	tout	Il est tout surpris *(überrascht)*. Ils sont tout surpris.
	+ Adjektiv weiblich	toute	Elle est toute triste. Elles sont toute tristes.
Adjektiv weiblich vor Vokal und stummem h		tout	Elles sont tout émues *(gerührt)*.
substantivisch			
	nur männlich Einzahl		Donnez-moi le tout.

Toutes les petites filles sont en blanc. *Alle kleinen Mädchen sind in weiß.*
Les petites filles sont toutes en blanc. *Alle kleinen Mädchen sind in weiß.*
Les petites filles sont tout en blanc. *Die kleinen Mädchen sind ganz in weiß.*

- **Achtung: Tout le monde bedeutet *alle* und bezieht sich auf Personen.**
  Ce n'est pas du goût de tout le monde. *Es ist nicht jedermanns Sache.*
  Tout le monde est d'accord. *Alle sind einverstanden.*
  Personne n'est d'accord. *Keiner / Niemand ist einverstanden.* (s. Lektion 7)

aucun, aucune *keiner, keinem, keines – niemand*

	männlich	weiblich	Mehrzahl
(gar) keiner, keine, keines (Adjektiv)	Il n'a aucun succès. *Er hat gar keinen Erfolg.*	Tu n'as aucune chance de gagner. *Du hast keine Gewinnchance.*	*keine Pluralform*
niemand (Pronomen)	Aucun d'eux ne me plaît. *Niemand von ihnen gefällt mir.*	Aucune d'elles n'est venue. *Niemand von ihnen ist gekommen.*	aucun(e)s *gehobene Sprache*

Das Wichtigste in Kürze
- **Hier eine einfache Regel: tous / toutes ▶ *alle*; tout / toute ▶ *ganz*; tout als Substantiv ▶ *alles***
- **Achtung bei der Aussprache: Tous [tus] sont venus. Je les aime toutes [tut] *aber* J'ai retrouvé tous [tu] mes amis. Tout [tu] est calme.**

A2 A Ergänzen Sie die Sätze mit **tout**, **toute**, **tous**, **toutes**.

1 Elle sait ....
2 .... la famille se réunit pour le mariage d'Élodie.
3 Dans ce cas on peu s'attendre à .... !
4 Ils partent .... les ans en croisière.
5 C'est pas normal, nous faisons .... ici.
6 Il a neigé .... la journée.
7 C'est bien, ... est gratuit !
8 Nous revenons .... les semaines de Londres pour le week-end.
9 Avec elle .... est compliqué !
10 Les anoraks sont .... en promotion.
11 Il y a des offices de tourisme dans .... les grandes villes de France.
12 Je reçois .... les jours au moins cinquante mails.
13 En été il y a des touristes de .... les nationalités.
14 .... le monde a vu ce film !

A2 B Ergänzen Sie die Sätze mit **aucun**, **aucune**, **personne**.

1 Avec ses mauvais résultats il n'a .... chance de réussir l'examen !
2 Tu préfères venir nous voir la semaine prochaine ? .... problème.
3 .... ne sait quand il reviendra.
4 Je n'ai trouvé .... solution à ce problème.
5 Il vient d'arriver en France, il ne connaît ....
6 La police n'a retrouvé .... trace de la voiture volée.
7 Je ne comprends pas, je n'ai reçu .... mail depuis deux jours !
8 Elle est très timide, elle ne parle à ....
9 Je ne vois .... possibilité pour vous d'obtenir une autorisation de tournage dans ce pays.
10 Il n'a lu .... livre de cet auteur de romans policiers.
11 Vous avez des nouvelles de votre fille ? – Non, je n'en ai ....
12 Qu'est-ce que tu préfères comme séjour linguistique ? – Désolé, mais .... ne me plaît !

B1 C Formulieren Sie Aussagen wie im Beispiel.

Beispiel: *Tous les Français aiment le fromage. Tous les Français ne passent pas leurs vacances à l'étranger.*

1 les jeunes filles ....
2 les journalistes ....
3 les médecins ....
4 les actrices de cinéma ....
5 les maris ....
6 les Allemandes ....

25 Weitere Indefinitbegleiter
Les autres indéfinis

A: Il lui est arrivé quelque chose ?
B: Non, il ne lui est rien arrivé !

A: Avec lui c'est chaque fois la même chose.
B: Non, non, il a été malade pendant plusieurs jours.

Weitere Indefinitbegleiter – Indefinitpronomen stehen für nicht näher bestimmte Personen oder Sachen.

als *Adjektiv*	männlich	weiblich	Mehrzahl
autre *andere(-r,-s)*	Il cherche un autre travail. *Er sucht eine andere Arbeit.*	On se verra une autre fois ! *Wir sehen uns ein anderes Mal!*	Ils ont d'autres objectifs. *Sie haben andere Ziele.*
certain *bestimmte(-r,-s), gewisse(-r,-s)*	jusqu'à un certain point *bis zu einem gewissen Punkt*	d'une certaine manière *in einer gewissen Weise*	dans certains cas *in bestimmten Fällen* à certaines heures *zu gewissen Zeiten*
chaque *jeder, jede(-s)*	Chaque participant a un badge. *Jeder Teilnehmer erhält ein Badge.*	Chaque fois, c'est la même chose avec toi ! *Mit dir ist es jedes Mal das Gleiche!*	*keine Mehrzahl*
même *gleicher, gleiche(s)*	Je suis du même avis. *Ich bin der gleichen Meinung.*	Ce n'est pas la même photo. *Es ist nicht das gleiche Bild.*	On a les mêmes amis. *Wir haben die gleichen Freunde.*
plusieurs *einige / ein paar*	*keine Einzahl*	*keine Einzahl*	plusieurs fois *einige Male*
quelque *einige(-r,-s) ein paar*	Il est resté quelque temps. *Er ist einige Zeit geblieben.* quelque part *irgendwo*	en quelque sorte *in irgendeiner Weise*	quelques jours en mai *ein paar Tage im Mai*

als *Pronomen*	männlich	weiblich	Mehrzahl
un / une autre *ein anderer / eine andere / andere*	Un autre a eu le poste. *Ein anderer hat die Stelle bekommen.*	Une autre aurait dit non. *Eine andere hätte nein gesagt.*	**d'autres / les autres** Les autres sont d'accord. *Die anderen sind einverstanden.*
certains *manche Leute*	*keine Einzahl*	*keine Einzahl*	Certains ne sont pas venus. *Manche Leute sind nicht gekommen.*
chacun *jeder, jede*	Chacun est responsable. *Jeder ist verantwortlich.*	Chacune des filles a hérité. *Jede der Töchter hat geerbt.*	*keine Mehrzahl*
on *(unpersönlich) man, es*	On frappe à la porte. *Es klopft an der Tür.*	*keine weibliche Form*	*keine Mehrzahl*
le/la même *das Gleiche, der Gleiche, die Gleiche*	Tu as un beau vélo, j'ai le même. *Du hast ein schönes Rad, ich habe das gleiche.*	C'est toujours la même chose ! *Es ist immer das Gleiche!*	Toujours les mêmes qui font les courses ! *Immer die Gleichen, die einkaufen gehen!*
quelque chose *etwas*	Il y a quelque chose à manger ? *Gibt es etwas zu essen?*	*keine weibliche Form*	*keine Mehrzahl*
quelqu'un *jemand*	Il y a quelqu'un ? *Ist da jemand?*	*keine weibliche Form*	*keine Mehrzahl*
quelques-un(e)s *ein paar, einige*	*keine Einzahl*	*keine Einzahl*	Quelques-uns ont répondu. *Einige haben geantwortet.*
rien *nichts*	Ce n'est rien ! *Das macht nichts!*	*keine weibliche Form*	*keine Mehrzahl*

Das Wichtigste in Kürze

- Die Indefinitbegleiter bleiben in einer adverbialen bzw. substantivischen Funktion unverändert.

A2 **A Ergänzen Sie die Sätze mit autre oder même.**

1 J'ai réparé les freins, mais maintenant il y a un .... problème !

2 Elle fait toujours les .... fautes en grammaire.

3 Je n'ai pas pris le .... train, je suis arrivé plus tard.

4 Achète-toi donc une .... voiture !

5 Ils essayent de retrouver la .... marque de surgelés.

6 Il a décidé de chercher un .... travail mieux payé.

A2 **B Ergänzen Sie die Sätze mit certain(e)s oder chaque.**

1 .... personnes ne mangent pas du tout de viande.

2 C'est .... fois la même chose, tu arrives toujours en retard !

3 .... musiciens annoncent leurs concerts sur Internet.

4 .... roman de Dona Leone se passe à Venise.

5 Dans .... pays les femmes sont voilées.

6 Elle a fait preuve d'un .... courage.

7 .... participant doit s'inscrire sur une liste de présence.

8 Ils ont une .... compétence dans ce secteur commercial.

A2 **C Ergänzen Sie die Sätze mit quelqu'un, quelque chose, quelque part.**

1 Mes amis d'enfance habitent maintenant .... en Espagne.

2 Tu connais .... qui parle russe ici ?

3 Je dois acheter .... à Marie pour son anniversaire.

4 Cet homme politique est .... d'intelligent.

5 J'ai oublié mes clés de voiture ....

6 Vous comprenez .... à ce formulaire ? Moi pas.

7 Ce restaurant chinois est .... dans le quartier, mais où ?

8 Antoine ? C'est .... que je connais depuis dix ans.

B1 **D Benutzen Sie quelques, certains oder plusieurs, um die Fragen zu beantworten.**

1 Est-ce que vous avez des amis à l'étranger ?

....

2 Est-ce que vous faites souvent du sport ?

....

3 Est-ce que vous regardez tous les films à la télé ?

....

4 Où est-ce qu'on peut acheter des spécialités asiatiques dans votre ville ?

....

5 Est-ce que vous lisez des journaux en français ?

....

Leçons 21 – 25

A1 A Beantworten Sie die Fragen. Ersetzen Sie die unterstrichene Wortgruppe durch *en* oder *y*. Wenn Sie *en* benutzen, können Sie eine Mengenangabe hinzufügen.

Beispiele : Tu as des frères et des sœurs ? *Oui, j'en ai deux, un frère et une sœur.*
Vous allez souvent en Italie ? *Oui, nous y allons deux fois par an.*

1 Vous prenez <u>du lait</u> dans votre café ? – Non, je ....
2 Tu sais jouer <u>au poker</u> ? – Oui, je ....
3 Vous avez répondu <u>à son mail</u> ? – Non, je ....
4 Tu bois <u>beaucoup d'eau minérale</u> ? – Oui, je ....
5 Alors, ils veulent vivre <u>en Suisse</u> ? – Non, ils ....
6 Tu prends <u>des comprimés contre la douleur</u> ? – Oui, je ....
7 Vous mettez <u>du poivre vert</u> dans la sauce ? – Non, je ....
8 Il faut <u>de la patience</u> pour apprendre ce jeu ? – Oui, il ....
9 Tu participes <u>à la réunion</u> demain ? – Non, je ....
10 Vous faites <u>du sport</u> ? – Oui, je ....

Points ☐ /10

A1 B Setzen Sie die folgenden Sätze ins *passé composé* (+ avoir).

1 On met une demi-heure en métro pour aller à la piscine.
....
2 Nous cherchons un appartement dans le centre ville.
....
3 Au petit déjeuner elle prend du café et des croissants.
....
4 Vous croyez que c'est un document authentique ?
....
5 Ils écrivent beaucoup de cartes postales en vacances.
....
6 Son dernier roman me plaît beaucoup !
....

Points ☐ / 6

A2 C Setzen Sie die folgenden Sätze ins *passé composé* (+ être).

1 Il devient directeur de ce groupe en 2005.
....
2 Elle ne descend pas en voiture à Marseille à la fin du mois.
....
3 Cette fois, je ne viens pas tout seul à la réunion de famille en août.
....

4 Ils sortent du bureau vers huit heures du soir.

....

5 Tu ne montes jamais à pied au deuxième étage ?

....

6 Pour aller à Toulouse nous passons par le Massif central.

....

Points ☐ / 6

A2 D **Ergänzen Sie die Sätze mit tout, toute, toutes oder tous.**

1 Il a promis de l'aimer .... la vie.

2 J'ai invité .... mes collègues à mon anniversaire.

3 Il a plu .... la journée.

4 Elle ne raconte pas .... à ses parents.

5 Les participants au festival de rock sont de .... les nationalités.

6 Il a passé .... sa vie en Bretagne.

7 Je vous écoute, j'ai .... mon temps.

8 La Fête de la bière a lieu .... les ans en septembre à Munich.

Points ☐ / 8

B1 E **Schreiben Sie die Biographie und finden Sie heraus, um wen es sich handelt.**

Il *(naître)* .... [1] en Allemagne, en Bavière. Il *(passer)* .... [2] une grande partie de sa vie en Suisse. Il *(faire des études)* .... [3] de mathématiques mais il *(s'intéresser)* .... [4] très vite à la photographie et à la peinture. Il *(avoir)* .... [5] beaucoup de succès auprès des femmes, il *(se marier)* .... [6] en 1966 à une actrice de cinéma française, B.B. En 1972 il *(ouvrir)* .... [7] une galerie d'art à Hambourg. Il *(découvrir)* .... [8] Andy Warhol. Il *(mourir)* .... [9] le 7 mai 2011 à Gstaad en Suisse.

Points ☐ / 9

B1 F **Ergänzen Sie die Sätze mit einem Indefinitbegleiter aus der Liste**

aucun • aucune • autre • certain • chaque • même • personne (2×) • plusieurs • rien

1 Il a essayé de devenir acteur de cinéma mais il n'a eu .... succès !

2 .... fois que je t'appelle, ton téléphone est occupé !

3 Vous ne mangez .... ? Vous n'aimez pas la quiche ?

4 J'ai acheté le .... manteau que toi, mais en rouge.

5 Tu arrives toujours en retard et surtout tu n'as .... excuse.

6 Je ne peux pas venir jeudi mais je peux venir un .... jour cette semaine, par exemple samedi.

7 .... ne comprend pourquoi il ne trouve plus de travail.

8 Dans le quartier il y a .... restaurants pas chers.

9 Il peut déjà lire .... articles de journal sans dictionnaire.

10 Je cherche une femme de ménage mais je ne trouve ....

Points ☐ /10

26 Die Präpositionen
Les prépositions

Rendez-vous devant le zoo ? – D'accord, à l'entrée.
Bons baisers de Moscou ! James Bond

Örtliche Präpositionen

Präposition	Beispiel	Übersetzung
à *in, nach*	J'habite à Nantes. Je vais à la poste.	*Ich wohne in Nantes. Ich gehe zur Post.*
à + le = au, à + les = aux	Il est au Danemark / aux États-Unis.	*Er ist in Dänemark / in den USA.*
de, d' *von, aus*	L'avion vient d'Oslo.	*Das Flugzeug kommt aus Oslo.*
de + le = du, de + les = des	Elle vient du Mali / des Baléares.	*Sie stammt aus Mali / von den Balearen.*
derrière *hinter*	C'est moi là, derrière ma mère.	*Das bin ich da, hinter meiner Mutter.*
devant *vor*	Je suis garé devant la maison.	*Ich parke vor dem Haus.*
chez *bei*	Chez moi il y a un jardin.	*Bei mir gibt es einen Garten.*
contre *gegen*	Mets le canapé contre le mur.	*Stelle das Sofa an/gegen die Wand.*
dans *in*	Il lit dans le train.	*Er liest im Zug.*
en *in*	On va en vacances en Espagne.	*Wir verbringen unsere Ferien in Spanien.*
entre *zwischen*	Assieds-toi entre nous !	*Setz dich mal zwischen uns!*
loin de *weit von*	C'est loin du centre.	*Das ist weit weg vom Zentrum.*
par *durch, über*	Passez par Reims, c'est plus court !	*Fahren Sie über Reims, das ist kürzer!*
pour *nach*	Ce bateau part pour la Corse.	*Das Schiff fährt nach Korsika.*
sous *unter*, sur *auf*	Ton sac est sous/sur la table.	*Deine Tasche ist unter/auf dem Tisch.*
vers *Richtung*	C'est vers l'Est.	*Es ist Richtung Osten.*

Weitere Präpositionen

Präposition	Beispiel	Übersetzung
à *um, an, mit*	Rendez-vous à deux heures. Le kilo est à 2 €. On y va à pied, c'est seulement à 50 m.	*Treffen um zwei Uhr.* *Das Kilo kostet 2 €.* *Wir gehen zu Fuß, es sind nur 50 m.*
à partir de *ab*	On ferme à partir du 15 mai.	*Ab 15. Mai bleibt der Laden geschlossen.*
après *nach*	Je vais venir après Noël.	*Ich komme nach Weihnachten.*
avant *vor*	Réservez avant fin mai !	*Vor Ende Mai reservieren!*
dans *in*	Le train part dans cinq minutes.	*Der Zug fährt in fünf Minuten ab.*
dès *gleich, seit*	Je le ferai dès mon retour.	*Gleich nach meiner Rückkehr mache ich es.*
depuis *seit*	Elle travaille là depuis 15 ans.	*Sie arbeitet seit 15 Jahren dort.*
en *in, aus, mit*	Il est né en 1961. C'est en or. Viens en voiture.	*Er ist 1961 geboren.* *Es ist aus Gold.* *Komm mit dem Auto.*
entre ... et *zwischen und*	Je suis là entre deux et trois heures.	*Ich bin zwischen zwei und drei Uhr da.*
jusqu'à *bis*	Je t'attends jusqu'à deux heures.	*Ich warte bis zwei Uhr auf dich.*
pendant *während, ... lang*	Il a été malade pendant un mois.	*Er war einen Monat (lang) krank.*
pour *für (Dauer)*	Elle part à Londres pour quinze jours.	*Sie fährt für zwei Wochen nach London.*
vers *gegen, um*	On commence vers huit heures.	*Gegen acht Uhr fangen wir an.*

! Au printemps ***im Frühling***, aber en été ***im Sommer***, en automne ***im Herbst***, en hiver ***im Winter***!

Das Wichtigste in Kürze

- Lernen Sie Präpositionen immer im Kontext, da ihre Bedeutung unterschiedlich sein kann:
  à sept heures *um sechs Uhr*, à pied *zu Fuß*, à 100 mètres *hundert Meter entfernt* usw. ...

A1 A Ergänzen Sie den Text mit en, à, au oder aux.

1 Ils se sont installés .... France .... Paris.

2 Nous sommes allés .... Portugal .... Lisbonne.

3 Il y a une célèbre cathédrale .... Chartres.

4 Vous allez souvent .... Maroc ? – Non, plutôt .... Tunisie.

5 Elle part .... États-Unis pour trois mois, elle va .... San Francisco.

6 Ils ont une superbe villa .... Biarritz.

A2 B Setzen Sie eine Ortspräposition ein und verbinden Sie die Satzteile.

1	Elle a laissé ses clés ...	A	.... Belgique, ... Bruges.
2	Il a mis les fleurs ...	B	.... sa voiture aujourd'hui.
3	J'ai lu le journal ...	C	.... la table ?
4	Pose ta veste ...	D	.... l'aéroport !
5	Je dois passer ...	E	.... le train.
6	La bouteille d'eau est ...	F	.... l'étagère.
7	Sophie et Jules sont ...	G	.... mes parents.
8	Allô Annick, je t'appelle ...	H	.... la chaise !

A2 C Fügen Sie die richtige Präposition ein.

1 Elle habite .... France, mais elle voyage beaucoup .... Europe et .... États-Unis.

2 J'ai placé le canapé .... le mur.

3 Il y a du jambon et du fromage .... le frigo.

4 J'ai mis mes livres .... l'étagère.

5 Hier, nous avons dîné .... des amis.

6 Ici, il fait très froid .... hiver.

7 Il a téléphoné, il va rentrer .... un quart d'heure.

8 Tu travailles .... combien de temps dans cette banque ?

9 Fais attention ! Le chien est .... la table !

10 Achète des tomates, elles sont .... 3 € le kilo !

B1 D Verbinden Sie die idiomatischen Ausdrücke mit ihrer Bedeutung.

1	☐ être dans la lune	A	projeter quelque chose
2	☐ ne pas être dans son assiette	B	aimer beaucoup voyager
3	☐ aller aux quatre coins du monde	C	être distrait
4	☐ être au bout du rouleau	D	se sentir malade
5	☐ avoir le cœur sur la main	E	être complètement épuisé
6	☐ avoir une idée derrière la tête	F	être très généreux

27 Die Stellung der Pronomen im Satz
La place des pronoms dans la phrase

Il m'en parle souvent. *Chut ! Ne lui en parle pas !* *Alors, cette adresse, tu me la donnes ?*

Subjekt	me te se nous vous	le la les	lui leur	y, en	konjugiertes Verb oder Grundform

- **Bejahter Satz**
  Stehen vor dem Verb mehrere Pronomen, steht das direkte Objektpronomen vor dem konjugierten Verb.

  Bei einfacher Zeit
  Il me donne *son livre*. ▸ Il me le donne.
  Il donne son livre à Pierre. ▸ Il le lui donne.
  Elle parle de son projet à Pierre. ▸ Elle lui en parle.
  Elle pense souvent à son travail. ▸ Elle y pense souvent.

  Bei zusammengesetzter Zeit
  – Il m'a donné son livre. ▸ Il me l'a donné.
  – Il a donné son livre à Pierre. ▸ Il le lui a donné.
  – Elle a souvent parlé de son projet à Pierre. ▸ Elle lui en a souvent parlé.
  – Elle a souvent pensé à son travail. ▸ Elle y a souvent pensé.

  Bei Verben, die eine Grundform nach sich ziehen, steht das Objektpronomen ***vor*** dieser Grundform.
  – Tu vas téléphoner à ta mère ? – Oui, je vais lui téléphoner.
  – Vous allez voir votre fille à Paris ? – Oui, je vais la voir à Paris.
  – Tu vas donner ce livre à Pierre ? – Oui, je vais le lui donner.

  Werden y und en im selben Satz gebraucht, so steht y vor en.
  Il y a encore des billets de concert? – Oui, il y en a encore dix.

  Bejahter Imperativ

Verb im Imperativ	le	moi
	la	nous
	les	lui
		leur

  Tu chantes cette chanson aux enfants ? ▸ *Imperativ:* Chante-la leur !

- **Verneinter Satz**
  Im verneinten Satz stehen die Pronomen und das Hilfsverb zwischen den Verneinungselementen. Das direkte Objektpronomen steht vor dem konjugierten Verb.

  Bei einfacher Zeit
  Il ne donne pas son livre à Pierre. ▸ Il ne le lui donne pas.

  Bei zusammengesetzter Zeit
  Il a donné son livre à Pierre. ▸ Il ne le lui a pas donné.

  Bei Verben, die eine Grundform nach sich ziehen, steht das indirekte Objektpronomen vor dieser Grundform.
  – Tu vas donner ce livre à Pierre ? – Non, je ne vais pas le lui donner.

Das Wichtigste in Kürze
- **Wenn mehrere Pronomen in einem Satz stehen, ist die Reihenfolge festgelegt!**
- **Im verneinten Satz stehen die Pronomen zwischen den beiden Verneinungselementen.**

A1 A Setzen Sie das richtige Pronomen ein.

me • te • lui (2 ×) • nous • leur

1 Tu offres souvent des chocolats à ta femme ?

– Oui, je .... offre souvent des chocolats suisses.

2 Tu m'envoies le dossier « nouveaux clients » par mail ?

– Bien sûr, je .... envoie ce dossier tout de suite.

3 Vous faites confiance à votre médecin ?

– Oui, je .... fais entièrement confiance.

4 Tu n'es pas content ?

– Non, mon fils ne .... parle plus depuis deux jours !

5 C'est parfois compliqué, Hélène raconte tout aux parents !

– Non ? Elle .... raconte vraiment tout ?

6 On vous propose un séjour pour une ou deux personnes ?

– On .... propose un séjour pour deux personnes.

A2 B Ersetzen Sie das unterstrichene Wort durch ein Personalpronomen.

1 Montrez-nous <u>les photos</u> ! ....

2 Rends-moi <u>mon portable</u> ! ....

3 Donne-moi <u>ce dictionnaire</u> ! ....

4 Offre-nous <u>cette table</u> ! ....

5 Racontez-nous <u>cette histoire</u> ! ....

6 Parle-nous <u>de ton voyage</u> ! ....

7 Achète-moi <u>cette montre</u> ! ....

8 Envoie cette carte postale <u>aux amis</u> ! ....

9 Elle <u>t'</u>a raconté son accident de voiture ? – Non, elle ....

10 Tu as rencontré <u>les voisins</u> à la fête ? – Oui, je ....

11 Il a donné son portable <u>à son fils</u> ? – Non, il ....

12 Tu as parlé <u>à Pierre</u> de tes nouveaux projets ? – Oui, je ....

A2 C Antworten Sie mit zwei Pronomen. Wenn nötig, gleichen Sie das Partizip an!

1 Ils <u>leur</u> ont parlé <u>du projet</u> ? – Non, ils ....

2 Vous <u>m'</u>avez donné <u>votre numéro</u> ? – Oui, je ....

3 Tu <u>nous</u> as envoyé <u>les invitations</u> ? – Oui, je ....

4 Elle <u>t'</u>a rendu <u>les clés</u> ? – Non, elle ....

5 Elles <u>vous</u> ont offert <u>des chocolats</u> ? Non, elles ....

6 Tu <u>lui</u> as expliqué <u>le fonctionnement de l'appareil</u> ? Oui, je ....

28 Das Imperfekt
L'imparfait

Souvenirs : Ma première voiture? J'avais 18 ans ! C'était une 2 CV.
Mon premier amour? C'était au bord de la mer.
Elle s'appelait Marie...

- **Um das *imparfait* zu bilden, nimmt man den Verbstamm der ersten Person Mehrzahl *im Präsens* und hängt folgende Endungen an: -ais, -ais, -ait, -ions, -iez, -aient.**
  Grundform habiter *wohnen* ▶ 1. Person Mehrzahl Präsens: nous habitons ▶ *Imparfait* j'habitais
  Diese Regel gilt für alle regelmäßig *(habiter)* und unregelmäßig *(faire)* gebildeten Verben; eine **Ausnahme** bildet die Konjugation von être.

habiter *wohnen*	
j'habitais	nous habitions
tu habitais	vous habitiez
il/elle/on habitait	ils/elles habitaient
faire *tun*	
je faisais	nous faisions
tu faisais	vous faisiez
il/elle/on faisait	ils/elles faisaient
être *sein*	
j'étais	nous étions
tu étais	vous étiez
il/elle/on était	ils/elles étaient

- **Achtung ! Besondere Schreibweise**
  Bei den Verben der ersten Gruppe auf -cer (commencer *anfangen*) steht vor Imparfait-Endungen, die mit a anfangen, ç statt c.
  Je commençais, tu commençais, il commençait, ils commençaient, aber nous commencions, vous commenciez.
- Das Gleiche gilt für Verben der ersten Gruppe auf -ger: vor Imparfait-Endungen, die mit a anfangen, steht ge statt g.
  Je mangeais, tu mangeais, il mangeait, ils mangeaient, aber nous mangions, vous mangiez.

Gebrauch

- **Im *imparfait* werden grundsätzlich bestimmte Vorgänge erzählt, die zu einem bestimmten Zeitpunkt bereits angefangen haben und noch andauern.**
  Quand je suis sorti de chez moi, il faisait beau. *Als ich rausgegangen bin, war das Wetter schön.*

- **Das *imparfait* bildet vor allem den Hintergrund der Erzählung. Diese Zeit wird verwendet, um vergangene Umstände und Gewohnheiten zu schildern.**
  À l'époque, il n'y avait pas encore de télévision. *Damals gab es noch kein Fernsehen.*
  Avant, il jouait aux échecs une fois par semaine. *Früher spielte er einmal pro Woche Schach.*

- **Um Personen oder Begleitumständen wiederzugeben.**
  Mon grand-père était paysan, c'était un homme chaleureux, il vivait dans son petit village où tout le monde se connaissait. *Mein Großvater war Bauer, er war ein warmherziger Mensch, er lebte in seinem kleinen Dorf, wo jeder jeden kannte.*

- **Um bei einer Anfrage oder einem Wunsch eine höfliche Distanz zu halten.**
  Je voulais te demander si tu pouvais me prêter ta voiture demain.
  Ich wollte dich fragen, ob du mir morgen deinen Wagen leihen könntest.

- **Kleiner Tipp: Nach diesen Signalwörtern kommt systemastisch ein *imparfait*.**
  avant *(vorher, früher)*, d. h. eine Gewohnheit oder Wiederholung in der Vergangenheit
  chaque fois que ... *(jedes Mal, dass)*, Il était une fois ... (Es war einmal), d. h. typische Märchenerzählung

- **Zum Verhältnis zwischen *passé composé* und *imparfait* beim Erzählen in der Vergangenheit s. Lektion 29.**

Das Wichtigste in Kürze
- **Das *imparfait* bildet den Hintergrund der Erzählung.**
- **Bei der Bildung dieser Zeit ist nur das Verb être unregelmäßig.**

A1 A Bilden Sie wie im Beispiel zuerst die nous Form im Präsens und dann im *imparfait*.
Grundform: choisir Präsens: nous choisissons imparfait: je choisissais

1 avoir	nous	j'	9 savoir	nous	je ....
2 vouloir	nous	je	10 venir	nous	je ....
3 dire	nous	je	11 partir	nous	je ....
4 réfléchir	nous	je	12 dormir	nous	je ....
5 prendre	nous	je	13 avancer	nous	je ....
6 attendre	nous	j'	14 voyager	nous	je ....
7 connaître	nous	je	15 pouvoir	nous	je ....
8 boire	nous	je	16 devoir	nous	je ....

A2 B Setzen Sie das *imparfait* wie im Beispielsatz in die verneinte Form.
Beispiel: Maintenant, j'ai un jardin. *Avant, je n'avais pas de jardin.*

1 Maintenant, je parle russe. Avant, ...

2 Maintenant, tu sais faire la cuisine. Avant, ...

3 Maintenant, il comprend le français. Avant, ...

4 Maintenant, nous allons au théâtre. Avant, ...

5 Maintenant, elle porte des bijoux. Avant, ...

6 Maintenant, tu as un portable. Avant, ...

A2 C Antworten Sie wie im Beispielsatz.
Beispiel: Vous avez une moto ? *Non, avant j'avais une moto, maintenant je n'ai plus de moto.*

1 Vous faites du sport ?

....

2 Vous prenez le tram ?

....

3 Vous voyagez beaucoup ?

....

4 Vous êtes photographe ?

....

5 Vous faites de la politique ?

....

B1 D Erzählen Sie aus Ihrer Kindheit im *imparfait*.

avoir beaucoup de copains • faire du sport • partir en vacances • quand • être calme • à l'époque • aimer les animaux • aller à pied à l'école • avoir peur du noir

Quand j'étais petit(e), j'habitais à avec ....

....

....

29 Das *passé composé* mit dem *imparfait*
Le passé composé et l'imparfait

A: Quand tu l'as rencontré, il était étudiant?
B: Oui, il faisait des études de médecine, c'était en 1999 à Lyon.
A: Et toi, qu'est-ce que tu faisais à l'époque?
B: Moi, rien, j'étais en crise. Je n'avais plus envie de faire des études!

- **Beide Zeiten werden beim Erzählen in der Vergangenheit gebraucht.**
  Es kommt immer darauf an, von welchem Standpunkt aus die Vorgänge betrachtet werden, insofern gibt es keine falsche Anwendung beider Zeiten, sondern eine unterschiedliche Sichtweise.
  Vergleichen Sie:
  Quand je suis arrivée sur le quai de la gare, beaucoup de gens attendaient déjà.
  Als ich auf dem Bahnsteig angekommen bin, warteten schon viele Leute.
  Dix minutes plus tard, le train est arrivé, il était déjà plein.
  Zehn Minuten später ist der Zug angekommen, er war schon voll.
  Quand j'arrivais à la gare (chaque fois que), Paul venait toujours me chercher.
  Als ich am Bahnhof ankam, holte mich Paul immer ab.

  Die Verben im **passé composé** drücken eine Folge von Handlungen aus, die alle abgeschlossen sind und den Vordergrund der Erzählung bilden. Die Verben im **imparfait** drücken den Kontext bzw. die Begleitumstände oder den Hintergrund des Geschehens aus (S. Lektionen 22, 23 und 28).

- **Signalwörter**
  Mit den Signalwörtern kann man den Vordergrund und den Hintergrund einer Erzählung besser unterscheiden. Signalwörter können Konjunktionen, Präpositionen und Adverbien sein, die den Kontext der Erzählung deutlich abstecken.

Zeitangabe / Datum / Dauer / Grund		Zeitangabe / Datum / Dauer / Grund	
à ...	*um*	hier	*gestern*
aujourd'hui	*heute*	il y a ...	*vor...*
avant	*früher, damals*	l'année dernière	*voriges Jahr*
ce matin / ce soir	*heute Vormittag / heute Abend*	quand	*wenn / als*
		lorsque	*als*
comme / parce que	*da / weil*	pendant que, tandis que	*während*
en	*in ...*	samedi / le samedi	*am Samstag / samstags*

Elles sont arrivées à 10 h. *Sie sind um 10 h gekommen.*
Avant, je faisais du jogging le samedi, mais j'ai changé mes habitudes.
Früher ging ich samstags joggen, aber ich habe meine Gewohnheiten geändert.
Comme mon grand-père était champion d'échec, j'ai appris avec lui.
Da mein Großvater Schachmeister war, habe ich es mit ihm gelernt.
Quand il est tombé gravement malade, il avait plus de 50 ans.
Als er schwer krank geworden ist, war er über 50 Jahre alt.
Elle m'a téléphoné pendant que je faisais la cuisine. *Sie rief mich an als ich beim Kochen war.*
On s'est rencontré samedi dernier, il faisait beau.
Wir haben uns letzten Samstag getroffen, das Wetter war schön.

Das Wichtigste in Kürze
- **Um in der richtigen Zeit erzählen zu können, muss man immer die Handlung vom Hintergrund der Erzählung unterscheiden.**
- **Der Gebrauch dieser Zeiten lässt sich nicht vom Französischen ins Deutsche übertragen!**

A2 A **Bilden Sie Sätze im *passé composé* und *imparfait* nach folgendem Muster.**
Beispiel: L'année dernière / comme / elle / être au chômage / faire une autre formation
L'année dernière, comme elle était au chômage, elle a fait une autre formation.

1 Hier matin / je / avoir la migraine / ne pas aller travailler

....

2 Il y a cinq ans / parce que / ils / ne plus s'aimer / se séparer

....

3 Hier soir / comme / il y a / grève du métro / nous / rentrer à pied

....

4 Dimanche dernier / comme / faire beau temps / ils / faire une balade à vélo

....

5 L'année dernière / elles / ne pas partir en vacances / parce que / ne pas avoir assez d'argent

....

6 Aujourd'hui / quand / je / sortir de l'appartement / le voisin / descendre les escaliers / à toute vitesse

....

A2 B **Streichen Sie die falsche Zeitform wie im Beispiel.**
Beispiel: Quand elle a eu son premier enfant, elle avait 20 ans / ~~elle a eu 20 ans~~.

1 D'habitude, quand elle est allée / elle allait à Paris, elle passait toujours par Strasbourg.

2 Hier, quand il est descendu du train, personne ne l'attendait / ne l'a attendu sur le quai.

3 Lorsque qu'on a commencé à distribuer les cadeaux dans la soirée, les enfants étaient / ont été déjà très excités.

4 En 2005, nous avons fait / nous faisions notre premier voyage aux États-Unis, c'était notre voyage de noces au mois de juillet.

5 Samedi dernier, j'étais encore en train de faire la cuisine quand les invités sont arrivés / arrivaient avec une demi-heure d'avance.

6 En 2008, c'était / ça a été la première année de leur mariage, Sophie et Antoine ont acheté une maison de campagne.

B1 C **Erzählen Sie aus Ihrer Kindheit. Setzen Sie jeweils die richtige Zeit *passé composé* oder *imparfait*.**

1 Avant, je *(déjeuner)* .... toujours avec mes enfants. Maintenant, avec mon nouveau travail, je *(devoir)* .... changer mes habitudes.

2 D'habitude on *(passer)* .... nos vacances tous les ans au bord de la mer, mais l'année dernière nous *(décider)* .... de partir en Espagne.

3 Quand je *(ne pas avoir)* .... de voiture, je *(prendre)* .... le métro pour aller au travail, maintenant je *(vendre)* .... ma voiture, l'essence est trop chère !

4 Ce matin je *(oublier)* .... de prendre mon parapluie, il *(se mettre à)* .... pleuvoir juste au moment où je *(vouloir)* .... partir du bureau, heureusement une collègue *(me prêter)* .... un parapluie.

30 Der Relativsatz mit *qui / que, ce qui / ce que, où*

Les relatives avec *qui / que, ce qui / ce que, où*

Deux devinettes
A Un répondeur, qu'est-ce que c'est? B C'est un appareil qui enregistre les messages.
B Un parapluie, qu'est-ce que c'est? B C'est un objet que tu utilises quand il pleut.

Die Relativpronomen *qui / ce qui*

- **Das Pronomen qui ist unveränderlich. Es ersetzt Personen oder Dinge in der Einzahl und in der Mehrzahl. Dieses Pronomen hat die Funktion eines Subjekts und leitet einen Relativsatz ein.**
  Il téléphone tous les jours à sa femme qui travaille à Londres.
  Er ruft jeden Tag seine Frau, die in London arbeitet, an.
  Hier soir, elle a envoyé un mail aux clients qui était très urgent.
  Gestern Abend hat sie den Kunden eine E-Mail geschickt, die sehr dringend war.

- **Das Pronomen ce qui ist unveränderlich. Es ist auch Subjekt im Relativsatz, wobei es dem Deutschen *was* entspricht. Es hat kein Bezugselement.**
  Je ne comprends pas ce qui se passe actuellement en Europe.
  Ich verstehe nicht, was momentan in Europa los ist.

Die Relativpronomen *que / ce que*

- **Das Pronomen que ist unveränderlich und ersetzt Personen oder Dinge in der Einzahl und in der Mehrzahl. Que wird vor a, e, i, o, u und stummem h zu qu'. Es hat die Funktion eines Objekts und leitet einen Relativsatz ein.**
  Elle a des amis à Paris qu'elle aime beaucoup. *Sie hat Freunde in Paris, die sie gerne mag.*
  On m'a offert un livre passionnant que j'ai lu en une soirée.
  Man hat mir ein spannendes Buch geschenkt, das ich an einem Abend gelesen habe.

- **Das Pronomen ce que ist unveränderlich. Es ist auch Objekt im Relativsatz, entspricht dem deutschen *was* und hat kein Bezugselement.**
  Je ne comprends pas du tout ce que tu m'expliques. *Ich verstehe gar nicht, was du mir erklärst.*

Das Relativpronomen *où*

- **Das Pronomen où steht für eine Orts- oder Zeitbestimmung. Dieses Pronomen ist unveränderlich und leitet einen Relativsatz ein.**
  Je ne sais pas où ils passent leurs vacances. *Ich weiß nicht, wo sie ihren Urlaub verbringen.*
  2006 ? C'est l'année où j'ai enfin réussi mon permis de conduire.
  2006? Das ist das Jahr, in dem ich endlich meinen Führerschein geschafft habe.

- **Verwechseln Sie nicht das Relativpronomen où (*wo, in*) mit der Konjunktion ou, ohne Akzent *(oder)*.**
  Vergleiche: Ils veulent partir en vacances dans un pays où *(wo)* on parle anglais.
  Sie möchten in ein Land in den Urlaub fahren, in dem (wo) man Englisch spricht.
  aber
  Ils vont partir en Écosse ou *(oder)* en Irlande. *Sie werden entweder nach Schottland oder Irland fahren.*

- **Das Relativpronomen que leitet einen Relativsatz ein, es gibt aber auch die Konjunktion que *dass*, die einen Nebensatz einleitet.**
  C'est la valise que je souhaite acheter (Relativpronomen). *Es ist der Koffer, den ich mir kaufen möchte.*
  Je pense que cette valise est beaucoup trop chère (Konjunktion).
  Ich denke, dass dieser Koffer viel zu teuer ist.

Das Wichtigste in Kürze

- **Die Relativpronomen sind unveränderlich. Sie richten sich nicht wie im Deutschen nach dem Genus des Wortes, auf das sie sich beziehen.**

A2 **A** **Fügen Sie qui ein. Verbinden Sie anschließend die Satzteile.**

1	Elle a téléphoné au dentiste	A	.... sont traversées par un fleuve.
2	Donnez-moi les documents	B	.... sont sur le bureau à côté du téléphone.
3	Nous avons déjeuné dans un restaurant	C	.... la soigne depuis deux ans.
4	Ils ont acheté un appartement	D	.... est situé dans un quartier calme.
5	Vous avez vu ce film	E	.... est excellent mais un peu cher !
6	J'ai acheté un manteau	F	.... était en soldes.
7	J'aime les villes	G	.... a eu tant de succès ?

1 ☐ 2 ☐ 3 ☐ 4 ☐ 5 ☐ 6 ☐ 7 ☐

A2 **B** **Fügen Sie qui, que oder où ein.**

1 Il connaît bien cette ville. C'est la ville .... il a fait ses études.
2 Tu as visité ce musée ? C'est un musée .... est consacré aux Impressionnistes.
3 J'ai acheté un autre ordinateur. Voilà l'ordinateur .... j'ai acheté.
4 Elle a peur des chiens .... aboient.
5 Sophie et Antoine sont arrivés à Paris l'année .... j'ai commencé à travailler.
6 Regarde cette photo : c'est l'appartement .... nous avons acheté à Nice.
7 Cette année, ce sont mes parents .... sont venus nous voir en vacances.
8 Il nous a présenté son amie Amandine .... il a rencontrée à Courchevel.

B1 **C** **Ergänzen Sie die Sätze mit dem passenden Relativpronomen.**

1 Qu'est-ce qui est important pour vous dans la vie ? – Pour moi, ... est important, c'est d'avoir des amis .... m'aident en cas de problème, c'est aussi de pouvoir faire un métier .... me plaît, de rencontrer une femme .... partage mes goûts et mes opinions !
2 Qu'est-ce que c'est ? – C'est un vieux dictionnaire .... j'ai trouvé chez un libraire. Voilà un cadeau .... nous pourrons faire à Sophie .... s'intéresse beaucoup à l'étymologie des mots en français !
3 Tu lui as demandé .... il voulait faire comme études ? – Oui, mais il ne sait pas vraiment .... il veut faire. Il veut partir trois mois faire un stage dans un pays .... on parle anglais.
4 Pour les jeunes, ... est difficile actuellement, c'est de trouver un emploi après leurs études. Les contrats .... sont limités dans le temps ne sont pas intéressants.
5 Elle cherche un stage à l'étranger. Elle a demandé conseil au consulat canadien .... a beaucoup de documentation sur les offres d'emploi. C'est un pays .... elle connaît bien parce qu'elle a encore de la famille au Québec. Elle y a rencontré des jeunes Français .... ont très vite pu trouver un emploi.

A2 **A** **Fügen Sie jeweils die richtige Präposition ein. Sie haben manchmal mehrere Möglichkeiten!**

C'est une photo de notre village. Il y a des platanes .... [1] la grande place. On reconnaît un café, une épicerie et une boulangerie. Le café est .... [2] l'épicerie et la boulangerie. Il y a une terrasse .... [3] le café avec plusieurs tables et des chaises. Une femme traverse la terrasse avec un panier .... [4] le bras. Le café a un nom : .... [5] Jules ! À gauche de la place, il y a un parking. Quelques voitures sont garées .... [6] ce parking et l'hôtel de ville se trouve .... [7] ce parking. .... [8] l'entrée principale de l'hôtel de ville il y a un monument aux morts, les noms des soldats sont gravés .... [9] la pierre. À droite de la grande place, il y a une petite église, j'ai fait ma première communion .... [10] cette église, je me souviens encore des bougies posées .... [11] l'autel et de l'odeur d'encens. Pour avoir toute la place, j'ai pris cette photo .... [12] troisième étage de l'hôtel de ville.

Points ☐ /12

A2 **B** **Setzen Sie die Verben ins *imparfait*.**

Tu te souviens des vacances à la campagne chez les grands-parents ? On *(arriver)* .... [1] toujours en train. Chaque année en août, ils *(venir)* .... [2] nous chercher à la gare avec leur vieille voiture. Nous *(partager)* .... [3] une petite chambre sous les toits avec vue sur la mer. Normalement, il *(falloir)* .... [4] aider grand-père au jardin et grand-mère à la cuisine. On *(faire)* .... [5] des crêpes avec elle tous les jours. À l'époque, on *(pouvoir)* .... [6] dormir longtemps le matin ou lire au lit quand il *(pleuvoir)* .... [7]. Comme nous *(avoir)* .... [8] beaucoup de copains, nous *(ne jamais s'ennuyer)* .... [9]. Quand il *(faire beau)* .... [10], les plus grands nous *(apprendre)* .... [11] à faire de la voile. À la fin des grandes vacances nous *(devoir)* .... [12] rentrer à Paris, les grands-parents nous *(raccompagner)* .... [13] toujours à la gare. Là notre grand-mère nous *(donner)* .... [14] des sandwichs et du chocolat pour le retour.

Points ☐ /14

A2 **C** **Benutzen Sie das *passé composé* oder das *imparfait* in den kurzen Texten. Falls nötig, gleichen Sie das *participe passé* an!**

1 À l'âge de sept ans je *(commencer à)* .... [1] jouer du piano, je *(trouver)* .... [2] que ce *(ne pas être)* .... [3] drôle de jouer tout seul. Plus tard, je *(avoir)* .... [4] la chance de jouer avec un orchestre de jazz et tout *(changer)* .... [5] pour moi, je *(décider)* .... [6] de devenir musicien professionnel. Avec succès !

2 Quand je *(arriver)* .... [7] en Angleterre pour chercher du travail, je *(ne pas savoir)* .... [8] parler anglais couramment. Je *(s'inscrire)* .... [9]

tout de suite à un cours de langue et trois mois plus tard, grâce à un copain je *(travailler)* ....[10] comme réceptionniste dans un hôtel pendant trois mois. Ensuite, je *(rentrer)* ....[11] en France pour faire des études.

3 Hier, il *(arriver)* ....[12] une drôle d'histoire à mon copain, André. Il *(entrer)* ....[13] dans un café pour boire un verre. À côté de lui, *(il y a)* ....[14] une jeune femme très jolie. Il *(avoir)* ....[15] l'impression de la connaître. Il lui *(demander)* ....[16] si elle *(travailler)* ....[17] aussi dans la même compagnie d'assurance. Elle *(se mettre à)* ....[18] pleurer et elle *(sortir)* ....[19] précipitamment du café, elle *(ne pas revenir)* ....[20]. Mon copain *(se disputer)* ....[21] avec le patron du café et il *(refuser)* ....[22] de payer les consommations de cette jeune femme.

Points ☐ /22

B1 D Ersetzen Sie die unterstrichenen Wörter durch ein Pronomen (Aufgabe A) und setzen Sie dann den Satz ins *passé composé* (Aufgabe B).

Beispiel: Je mets les steaks dans le frigo ?

A *Les steaks, je les mets dans le frigo.* **B** *Je les ai mis dans le frigo.*

1 Ils ne trouvent plus leurs affaires.

A Leurs affaires, ... B ....

2 Je lui envoie son cadeau par la poste.

A Son cadeau, ... B ....

3 Il faut jeter ces vieilles photos.

A Ces vieilles photos, ... B ....

4 À table, je mets Sophie à côté d'Antoine.

A Sophie, ... B ....

5 Vous racontez souvent cette histoire à André ?

A Cette histoire, ... B ....

6 Je ne prête jamais ma voiture à Pierre.

A Ma voiture, ... B ....

Points ☐ /6

B1 E Ergänzen Sie die Sätze mit dem passenden Relativpronomen.

1 C'est le restaurant .... nous avons organisé une rencontre avec nos clients étrangers.
2 Désolé, mais je ne connais pas la personne .... vous cherchez !
3 L'appartement .... est à vendre coûte plus de 300.000 euros.
4 Je ne comprends pas .... s'est passé samedi dernier.
5 Tu as lu le livre .... je t'ai conseillé ?
6 Voici mon collègue Steve .... travaille avec moi depuis dix ans.
7 Pas de chance, le jour .... nous sommes partis en vacances, il y avait une grève des trains.
8 Cette maison à la campagne appartient à un vieux monsieur .... ne veut pas la vendre.
9 Elle a décidé de faire .... elle veut, elle a ouvert une école de tango en Argentine.

Points ☐ /9

31 Die anderen Relativpronomen *dont, lequel, laquelle ...*
Les autres pronoms relatifs *dont, lequel, laquelle ...*

C'est de Pierre dont elle est amoureuse, pas de Paul !
C'est la raison pour laquelle on ne la voit plus !

Der Relativsatz mit dont

- **Das Relativpronomen dont ist unveränderlich. Es ersetzt Personen oder Dinge in der Einzahl und in der Mehrzahl. Dont steht an Stelle einer Ergänzung mit de und leitet einen Relativsatz ein. Die Wortstellung des Relativsatzes ist immer wie folgt: Subjekt, Verb, Objekt.**
  Sophie dont le père est un célèbre pianiste joue du saxophone.
  Sophie, deren Vater ein berühmter Pianist ist, spielt Saxophon.
  C'est le diplôme international dont vous m'avez beaucoup parlé.
  Das ist das internationale Diplom, von dem Sie mir viel erzählt haben.

Ergänzung mit de steht für...	Relativsatz mit dont	Konstruktion mit de ...
Substantiv + de (*bzw.* du / de la / des)	J'habite dans un quartier dont j'aime le calme.	J'aime le calme du quartier où j'habite.
Verb + de ... avoir besoin de ... *brauchen* parler de ... *sprechen über* se souvenir de ... *sich an etw. erinnern*	 C'est le bureau dont il avait besoin. C'est le séjour dont je vous parle. C'est ce rendez-vous dont je me souviens très bien.	 Il avait besoin d'un bureau. Je vous parle de ce séjour. Je me souviens très bien de ce rendez-vous.
Adjektiv + de amoureux, -euse de ... *verliebt in* capable de ... *fähig zu* fier de ... *stolz auf* jaloux, jalouse de ... *neidisch / eifersüchtig auf*	 Voici l'homme dont elle est amoureuse. C'est une réaction dont il est capable. Voilà des résultats dont il est fier. C'est l'acteur dont il est jaloux.	 Elle est amoureuse de cet homme. Il est capable de cette réaction. Il est fier de ces résultats. Il est jaloux de cet acteur.

- **Achtung: dont kann nicht an Stelle einer Ortsergänzung mit de stehen:** Elle vient de ce pays. C'est le pays d'où elle vient. *Sie kommt aus diesem Land. Es ist das Land, aus dem sie kommt.*

- **Der Relativsatz mit lequel, laquelle, lesquels, lesquelles**

	männlich	weiblich
Einzahl	lequel	laquelle
Mehrzahl	lesquels	lesquelles

Die Relativpronomen lequel, laquelle, lesquels, lesquelles ersetzen Personen und Dinge in einem Relativsatz. Sie sind veränderlich und richten sich in Geschlecht und Zahl nach dem Bezugswort. In der Standardsprache werden lequel, laquelle, lesquels, lesquelles usw. nach einer Präposition verwendet.

- **Mit den Präpositionen à und de verschmelzen lequel, laquelle, lesquels, lesquelles zu folgenden Formen: duquel, desquels, desquelles sowie auquel, auxquels, auxquelles**
  Les gens auxquels je fais le plus de confiance, ce sont mes amis.
  Die Leute, denen ich am meisten vertraue, sind meine Freunde.

- **Duquel muss lediglich gebraucht werden, wenn ein Sachsubstantiv vorkommt. Sonst werden die zusammengesetzten Formen duquel, de laquelle usw. von dont bzw. de qui ersetzt.**
  L'immeuble en bas duquel il y a la poste. *Das Gebäude, in dessen Erdgeschoß die Post ist.*

Das Wichtigste in Kürze
- **dont leitet einen Relativsatz ein. Als Substantivergänzung ist dont mit *dessen* bzw. *deren*, oder mit *von dem, von der, von denen* zu übersetzen.**
- **lequel, laquelle, lesquels, lesquelles werden vorwiegend mit bestimmten Präpositionen verwendet.**

A1 A Verbinden Sie die Satzteile und bilden Sie ganze Sätze. Fügen Sie dont ein.

1 Le professeur de musique ...
2 La superbe villa ...
3 Il ne veut pas dire le nom de la femme ...
4 Ce livre ...
5 Ils ont obtenu des résultats ...
6 Elle a fait un geste très généreux ...
7 Je reviens d'un long voyage ...
8 C'est surtout de repos ...

A .... je suis très contente.
B .... vous avez besoin.
C .... je me souviens était grand et maigre.
D .... je ne la croyais pas capable.
E .... je rêve est située sur l'île de Ré.
F .... il est amoureux.
G .... ils ne sont pas très fiers.
H .... vous avez lu deux chapitres est devenu un best-seller.

1 ☐ 2 ☐ 3 ☐ 4 ☐ 5 ☐ 6 ☐ 7 ☐ 8 ☐

A2 B Bilden Sie sinnvolle Sätze, indem Sie die Satzteile miteinander verbinden.

1 La voiture sous ...
2 Le faux passeport avec ...
3 Le lait en poudre sans ...
4 Les raisons pour ...
5 Les logements dans ...
6 Les affiches sur ...

A ... lequel il a passé la frontière était suédois.
B ... lesquelles son nom était barré ont disparu.
C ... laquelle on avais mis une bombe a explosé.
D ... lesquels ils habitent sont insalubres.
E ... lequel les bébés ne peuvent pas survivre est arrivé hier.
F ... lesquelles il est en prison ne sont pas claires.

1 ☐ 2 ☐ 3 ☐ 4 ☐ 5 ☐ 6 ☐

B1 C Bilden Sie aus den zwei Aussagesätzen einen Satz. Verwenden Sie dabei dont oder qui oder que.

1 Ce jeune homme est très sympathique. Je l'ai rencontré hier soir au café.

....

2 Il est responsable d'enfants handicapés. Ces enfants n'ont plus de parents.

....

3 Sophie et Paul sont des amis. J'aime les emmener faire du ski.

....

4 Ce chien aboie très fort. Léa a peur de ce chien.

....

5 Léa est la nouvelle collègue de Jules. Jules est amoureux de Léa.

....

6 Je suis allé souvent à Florence. Je connais bien cette ville.

....

7 Elle a un nom suédois. Je ne me souviens pas de ce nom.

....

8 Elle a prononcé un discours. Ce discours est important pour sa carrière.

....

32 Die Angleichung des Partizips Perfekt
L'accord du participe passé

Ils sont partis à Venise. Paul a offert une montre à Sophie.
C'est la montre qu'il lui a offerte. Ils se sont mariés à 22 ans.

Angleichung des Partizips Perfekt mit dem Subjekt
Bei allen Verben, die das *passé composé* mit dem Hilfsverb être bilden, wird das Partizip Perfekt wie ein Adjektiv an das Subjekt angeglichen. Setzt sich das Subjekt aus unterschiedlichen Geschlechtern zusammen, so wird das Partizip dem Maskulinum (Plural) angeglichen.
Sophie et Paul sont partis à Venise. *Sophie und Paul sind nach Venedig gefahren.*

- **Verben, die eine Bewegungsrichtung ausdrücken, bilden das *passé composé* mit être : aller, arriver, devenir, descendre, entrer, monter, mourir, naître, partir, passer, retourner, sortir, tomber, venir.** (s. Lektion 23)
  Antoine et Sophie se sont couchés à minuit.
  Antoine und Sophie haben sich um Mitternacht schlafen gelegt.
  L'utilisation du portable s'est généralisée. *Die Handy-Benutzung hat sich allgemein verbreitet.*
- **Alle Reflexivverben bilden das *passé composé* mit être: se coucher, se lever, s'habiller usw.** (s. Lektion 19)
  Nous sommes rentrés vendredi soir. *Wir sind Freitagabend zurückgekommen.*
  Elle est montée en premier dans l'avion. *Sie ist als erste in das Flugzeug gestiegen.*

Angleichung des Partizips Perfekt mit Objektergänzung
Grundregel: Das Partizip Perfekt bleibt **unverändert**, wenn ein direktes Objekt **nach** dem Verb steht.
Elle a acheté une nouvelle voiture. *Sie hat ein neues Auto gekauft.*
Nous avons mangé tous les chocolats. *Wir haben alle Pralinen gegessen.*

Das Partizip Perfekt wird dagegen immer **angeglichen**, wenn das direkte Objekt **vor** dem Verb steht.
C'est la nouvelle voiture qu'elle a achetée. *Das ist das neue Auto, das sie gekauft hat.*
Il reste des chocolats ? Non, nous les avons tous mangés.
Sind noch Pralinen da? Nein, wir haben sie alle aufgegessen.

!

Achtung – Sonderfall: Einige Verben bilden je nach Objektergänzung das *passé composé* mit avoir oder être.
Bei einer Ergänzung mit direktem Objekt wird das Verb mit avoir gebildet (s. Lektion 23).

Bei Reflexivverben muss man bei der Angleichung des Partizips mit Objektergänzung Folgendes unterscheiden:
- **Das Partizip Perfekt bleibt unverändert, wenn ein direktes Objekt nach dem reflexiven Verb kommt.**
  Ils se sont lavé les mains. *Sie haben sich die Hände gewaschen.*
  Elle s'est acheté une jupe. *Sie hat sich einen Rock gekauft.*
- **Bei reziproken Verben mit Direktobjektergänzung wird das Partizip Perfekt nur als direktes Objekt vor dem Verb angeglichen.**
  Ils se sont embrassés. *Sie haben sich (gegenseitig) geküsst.*
  Zum Vergleich: Ils ont embrassé leur fille. Ils l'ont embrassée. *Sie haben Ihre Tochter geküsst.*
  Sie haben sie geküsst.
- **Bei Verben mit indirektem Objekt (z. B. mit der Präposition à) bleibt das Partizip Perfekt unverändert.**
  Antoine a parlé à Sophie et Sophie a parlé à Antoine = Ils se sont parlé.
  Sie haben miteinander gesprochen.
  La grand-mère et la petite fille se sont écrit. *Die Großmutter und die Enkelin haben sich geschrieben.*

>

Das Wichtigste in Kürze
- **Alle Verben, die das *passé composé* mit être bilden, gleichen das Partizip Perfekt an das Subjekt an.**
- **Bei der Angleichung mit Direktobjektergänzung muss man darauf achten, ob das Objekt vor dem Verb steht. Gleiches gilt für reflexive Verben, allerdings gibt es in diesem Fall Besonderheiten, auf die geachtet werden muss.**

A2 A Setzen Sie die Verben ins *passé composé* und gleichen Sie das Partizip Perfekt an.

1 Les bananes que nous *(manger)* .... étaient trop mûres.

2 Les arbres que vous *(voir)* .... dans le parc sont presque tous centenaires.

3 Les lettres que tu *(écrire)* .... ce matin *(rester)* .... au bureau.

4 Quand ils *(se marier)* ...., ils avaient 25 ans.

5 Je cherche les clés que je *(poser)* .... sur la table il y a dix minutes.

6 Les premiers films qu'il *(tourner)* .... sont les meilleurs !

7 Ils *(revenir)* .... d'Iran avec des tapis qu'ils .... *(acheter)* au bazar.

8 Les meubles qu'elle (vendre) .... n'étaient pas très chers.

A2 B Setzen Sie die Verben ins *passé composé*. Gleichen Sie das Partizip Perfekt an, wenn es nötig ist.

Text 1

Elles *(voyager)* ....[1] partout. Elles *(visiter)* ....[2] Paris, Londres, Vienne. Ce sont toutes les villes qu'elles *(découvrir)* ....[3] avec leurs parents quand elles étaient jeunes. Elles *(rester)* ....[4] partout une semaine et elles *(revoir)* ....[5] des amis d'enfance.

Text 2

Elle *(naître)* ....[1] au Canada. Elle *(faire)* ....[2] des études en Angleterre où elle *(devenir)* ....[3] une artiste peintre très connue. Elle *(exposer)* ....[4] ses œuvres un peu partout. Les tableaux qu'elle *(vendre)* ....[5] le mieux sont des portraits d'acteurs célèbres.

Text 3

Elles *(aller)* ....[1] au Népal. Elles *(marcher)* ....[2] des jours et des jours. Elles *(avoir)* ....[3] très froid et très faim. Elles *(tomber)* ....[4] malades et *(ne pas monter)* ....[5] au sommet. Elles *(redescendre)* ....[6] et *(abandonner)* ....[7] leur projet.

B1 C Fügen Sie das *passé composé* ein. Achten Sie auf die Angleichung des Partizips!

1 Elles *(se promener)* .... longtemps dans le parc.

2 Nous *(s'habiller)* .... en noir pour aller à l'enterrement.

3 Elle *(se réveiller)* .... en sursaut en pleine nuit à cause des cambrioleurs.

4 Ils *(se procurer)* .... des faux passeports pour passer la frontière.

5 Les deux sœurs *(ne plus se parler)* .... depuis six mois.

6 Nous *(se mettre)* .... au dernier rang parce que nous sommes arrivés en retard.

33 Das Passiv
Le passif

Cette maison a été construite en 1930.
Le cycliste a été renversé par une voiture.

Bildung des Passivs

Das Passiv ist ein Modus, der aus Formen von être und dem Partizip Perfekt des jeweiligen Verbs gebildet wird. Man kann das Passiv in verschiedenen Zeiten formen, indem man das Verb être in die entsprechende Zeit setzt. Das Partizip Perfekt wird dabei an das Subjekt angeglichen. Setzt sich das Subjekt aus unterschiedlichen Geschlechtern zusammen, so wird das Partizip dem Maskulinum (Plural) angeglichen.

Um einen Satz vom Aktivmodus in den Passivmodus zu setzen, wird das direkte Objekt des Satzes zum Subjekt des Passivsatzes.

Aktiv	On convoque les candidats aux examens lundi. *Man bestellt die Prüfungskandidaten für Montag.*
Passiv	Les candidats aux examens sont convoqués lundi. *Die Prüfungskandidaten sind für Montag bestellt.*

Aktivmodus	
Imparfait Passé composé Futur usw.	On construisait une maison sur le terrain près de la rivière. On a construit une maison sur le terrain près de la rivière. On construira une maison sur le terrain près de la rivière.
Passivmodus	
Imparfait Passé composé Futur usw.	Une maison était construite sur le terrain près de la rivière. Une maison a été construite sur le terrain près de la rivière. Une maison sera construite sur le terrain près de la rivière.

Grundregel: Nur die direkt transitiven Verben, d. h. die Verben mit einer direkten Objektergänzung (im Deutschen dem Akkusativobjekt entsprechend), können ins Passiv gesetzt werden.

recevoir quelqu'un *jemanden empfangen*
Aktivmodus: Le directeur a reçu les étudiants japonais.
Passivmodus: Les étudiants japonais ont été reçus par le directeur.

- **Bei einem Vorgangspassiv wird der Urheber der Handlung meist mit der Präposition par genannt:** Il a été interrogé par son père. *Er wurde von seinem Vater befragt.*
- **Bei einigen Verben wird der Urheber der Handlung mit der Präposition de angegeben. Es handelt sich meist um Verben, die Gefühle ausdrücken: abandonner de, aimer de, estimer de, adorer de, apprécier de, respecter de usw.** Il n'a pas été abandonné de tous. *Er wurde nicht von allen verlassen.*
- **Der Urheber der Handlung wird bei einigen Verben in ihrer wörtlichen Bedeutung mit par, im übertragenen Sinn mit de angegeben.**
  Vergleiche: Cet empereur a été couronné par le pape. *Dieser Kaiser wurde vom Papst gekrönt.*
  Im übertragenen Sinn: Son livre a été couronné de succès. *Sein Buch wurde von Erfolg gekrönt.*

Das Wichtigste in Kürze

- **Nur die direkt transitiven Verben, d. h. Verben mit einer direkten Objektergänzung, können ins Passiv gesetzt werden. Das Partizip Perfekt wird dabei an das Subjekt angeglichen.**
- **Bei einem Zustandspassiv wird der Urheber der Handlung nicht genannt: Ils sont cités dans le livre. *Sie sind im Buch erwähnt.* Bei einem Vorgangspassiv wird der Urheber dagegen genannt: Ils sont cités par l'auteur dans le livre. *Sie werden vom Autor im Buch erwähnt.***

A2 A Setzen Sie die Sätze ins Passiv. Behalten Sie die gleichen Zeiten bei!

1 Mon oncle a construit cette piscine dans le jardin en 1970.

....

2 Cette entreprise va licencier une centaine d'employés le mois prochain.

....

3 Cette proposition du directeur des ventes au Canada m'intéresse.

....

4 Le mauvais temps a empêché l'avion de décoller à l'heure prévue.

....

5 À la fin de l'année, l'Europe interdira l'importation de jouets fabriqués en Chine et contenant des substances toxiques.

....

6 La direction du supermarché a engagé des détectives pour réduire les vols de marchandises.

....

7 Le jury a décerné un prix spécial à cet écrivain pour son œuvre poétique.

....

A2 B Setzen Sie die Sätze in den Aktivmodus. Behalten Sie die gleichen Zeiten bei!

1 L'année prochaine un nouveau stade de foot sera construit par la ville.

....

2 Les témoins étaient paralysés par la peur.

....

3 Un visa de trois mois vient d'être accordé à ce jeune homme par le consulat russe.

....

4 Ces médicaments doivent être pris trois fois par jour avant les repas.

....

5 L'arbre de Noël sera décoré par les enfants de l'école.

....

6 Le cycliste a été renversé par une voiture au carrefour.

....

B1 C Erzählen Sie den Unfall im Passiv.

Sur la nationale N31, près de Montélimar, Madame Sanceau conduisait sa Renault. Un motocycliste qui roulait devant elle a gêné Madame Sanceau. Ce motocycliste a obligé Madame Sanceau de freiner brusquement. Madame Sanceau a percuté la moto. Le choc violent a endommagé la voiture de Madame Sanceau. On a appelé Police Secours immédiatement. On a transporté Madame Sanceau et le motocycliste à l'hôpital pour des examens. Quelques heures plus tard, on les a raccompagnés chez eux.

....

....

34 Der Konditional I
Le conditionnel présent

A: Ça me plairait d'avoir une grande terrasse. Et toi ?
B: Moi aussi, j'aimerais changer les fenêtres, il y aurait plus de lumière !

Bildung des Konditionals I (*conditionnel présent*)

Um das *conditionnel présent* zu bilden, benutzt man den Stamm vom *futur simple* (s. Lektion 16) und fügt die Endungen des *imparfait* (s. Lektion 28) daran.

Verben auf -er	futur	imparfait	conditionnel
chercher *suchen*	je chercherai	-ais	je chercherais
	tu chercheras	-ais	tu chercherais
	il/elle/on cherchera	-ait	il/elle/on chercherait
	nous chercherons	-ions	nous chercherions
	vous chercherez	-iez	vous chercheriez
	ils/elles chercheront	-aient	ils/elles chercheraient
Verben auf -ir	**futur**	**imparfait**	**conditionnel**
choisir *aussuchen*	je choisirai	-ais	je choisirais
	tu choisiras ...	-ais	tu choisirais ...
Verben auf -re	**futur**	**imparfait**	**conditionnel**
attendre *warten*	j'attendrai	-ais	j'attendrais
	tu attendras ...	-ais	tu attendrais ...
unregelmäßige Verben / Verben mit Sonderformen			
aller *gehen*	j'irais ...	**pouvoir** *können*	je pourrais ...
avoir *haben*	j'aurais ...	**recevoir** *bekommen*	je recevrais ...
devoir *müssen*	je devrais ...	**savoir** *wissen*	je saurais ...
envoyer *schicken*	j'enverrais ...	**venir** *kommen*	je viendrais ...
être *sein*	je serais ...	**voir** *sehen*	je verrais ...
faire *tun*	je ferais ...	**vouloir** *wollen*	je voudrais ...
falloir *erforderlich sein (unpersönlich)*	il faudra		

Gebrauch des *conditionnel présent* – Diese Zeit wird verwendet, um:

- **Wünsche, Ratschläge und Vorschläge zu äußern, wobei Vorschläge meist mit devoir *müssen* oder faire mieux *lieber ... sollen* formuliert werden.**
  J'aimerais bien vivre à Tahiti. *Ich würde gerne auf Tahiti leben.*
- **höfliche Bitten und Vorwürfe zu formulieren.**
  Tu pourrais le répéter, s'il te plaît ? *Könntest du das bitte wiederholen?*
- **eine Vermutung, eine nicht bestätigte Information oder eine Wunschvorstellung wiederzugeben.**
  Ce journal n'appartiendrait plus à un groupe de presse.
  Diese Zeitschrift soll keiner Pressegruppe mehr angehören.
- **eine irreale Hypothese zu formulieren. Man muss dabei immer diesem Grundschema folgen:**
  si + *imparfait* (Hauptsatz) + *conditionnel*
  Im Unterschied zum Deutschen wird in einem Bedingungssatz mit si (*wenn*) der Konditional im Hauptsatz verwendet. Im Satzteil mit si steht das Verb immer im Imperfekt. Si j'avais son numéro de téléphone, je lui téléphonerais ! ***Hätte*** *ich seine Telefonnummer,* ***würde*** *ich ihn anrufen!*

Das Wichtigste in Kürze

- Im Unterschied zum Deutschen muss in einem Bedingungssatz mit si das *imparfait* nach si stehen und erst im Hauptsatz das Verb im *conditionnel*.

A1 A Fügen Sie das *conditionnel présent* ein.

1 On *(devoir)* .... téléphoner aux parents avant de partir.

2 Vous *(aimer mieux)* .... partir en Norvège avec nous ?

3 Ce bikini te *(aller)* .... très bien.

4 Nous *(aimer mieux)* .... louer une petite maison en bord de mer.

5 Elle *(vouloir)* .... acheter un appartement à Nice.

6 Il *(falloir)* .... envoyer toutes les invitations avant le 15 août.

7 Tu *(être)* .... plus élégant dans ce costume bleu marine.

8 Nous *(faire mieux)* .... de prendre l'autoroute.

9 Vous *(avoir)* .... la monnaie de vingt euros, s'il vous plaît ?

10 Tu *(pouvoir)* .... me laisser tranquille cinq minutes !

A2 B Ändern Sie die Sätze wie in folgendem Mustersatz.

Beispiel: Si tu travailles, tu réussiras. ▶ *Si tu travaillais, tu réussirais.*

1 Si elle nous invite, nous accepterons son invitation.

....

2 Si tu m'écris, je te répondrai tout de suite.

....

3 Si je pars à Moscou, j'apprendrai le russe.

....

4 Si ils déménagent, on ne les verra plus très souvent.

....

5 Si tu ne manges pas autant de chocolat, tu arrêteras de grossir !

....

B1 C Lesen Sie die Pressemitteilungen und formulieren Sie die Informationen um.

Beispiel: Suppression prochaine du Festival de danse contemporaine *(devoir / bientôt être supprimé)*
Le Festival de danse contemporaine devrait être bientôt supprimé.

1 Visite du président américain en Europe officiellement reportée pour raisons de santé.

(pouvoir / être reporté officiellement)

....

2 Selon l'Automobile Club, augmentation du prix de l'essence dès le début des grandes vacances.

(augmenter)

....

3 Selon une source officielle, introduction prochaine de deux langues vivantes obligatoires dans le primaire.

(devenir bientôt obligatoire)

....

4 Accidents sur l'autoroute provoqués par les excès de vitesse. *(être à l'origine de)*

....

35 Das Plusquamperfekt
Le plus-que-parfait

A: J'ai mangé du magret de canard au miel.
B: C'était bon?
A: Délicieux, je n'en avais jamais mangé.

Bildung des Plusquamperfekts

Das Plusquamperfekt *(le plus-que-parfait)* wird aus den Formen des Imperfekts von avoir oder être und aus dem Partizip Perfekt *(participe passé)* des jeweiligen Verbs gebildet. Die Angleichungsregeln des Partizips Perfekt gelten. Wird das Plusquamperfekt mit être gebildet, so wird das Partizip an das Subjekt angeglichen. Setzt sich das Subjekt aus unterschiedlichen Geschlechtern zusammen, so wird das Partizip dem Maskulinum Plural angeglichen.

Plus-que-parfait + avoir	Plus-que-parfait + être	Plus-que-parfait + être
j'avais mangé	j'étais allé(e)	je m'étais promené(e)
tu avais mangé	tu étais allé(e)	tu t'étais promené(e)
il/elle/on avait mangé	il/elle/on était allé(e)(s)	il/elle/on s'était promené(e)(s)
nous avions mangé	nous étions allé(e)s	nous nous étions promené(e)s
vous aviez mangez	vous étiez allé(e) / allé(e)s	vous vous étiez promené(e)(s)
ils/elles avaient mangé	ils/elles étaient allé(e)s	ils/elles s'étaient allé(e)s

!

Achtung: être und avoir als Hauptverb haben im *plus-que-parfait* avoir als Hilfsverb.
être: j'avais été, tu avais été, il/elle/on avait été, nous avions été, vous aviez été, ils/elles avaient été
avoir: j'avais eu, tu avais eu, il/elle/on avait eu, nous avions eu, vous aviez eu, ils/elles avaient eu

- **Wenn on statt nous benutzt wird und dieses Subjekt für unterschiedliche Geschlechter steht, so wird das Partizip dem Maskulinum Plural angeglichen.**
  Antoine et moi, on était rentrés très tard. *Antoine und ich, wir waren sehr spät zurückgekommen.*
- **Bei einem Satz im Plusquamperfekt stehen die Objektpronomen vor dem konjugierten Hilfsverb.**
  Tu avais envoyé les photos à Sophie ? Non, je ne les lui avais pas envoyées.
  Hattest du Sophie die Bilder geschickt? Nein, ich hatte sie ihr nicht geschickt.

Gebrauch des Plusquamperfekts

- **Das Plusquamperfekt wird zur Wiedergabe eines Zustands bzw. Geschehens verwendet, der/das zeitlich vor einem anderen Zustand bzw. Geschehen in der Vergangenheit bereits abgeschlossen ist.**
  J'ai vu Sylvie hier, mais je l'avais déjà rencontrée la semaine dernière.
  Ich habe Sylvie gestern gesehen, aber ich hatte sie schon vorige Woche getroffen.

!

Vorvergangenheit	Vergangenheit	Gegenwart
Plusquamperfekt	Passé composé oder imparfait	Präsens

- **Das Plusquamperfekt wird auch in bestimmten Höflichkeitsfloskeln benutzt.**
  J'avais pensé vous faire visiter mon appartement dimanche. Je m'étais dit que vous pourriez peut-être me donner votre avis. *Ich hatte daran gedacht, Sie am Sonntag meine Wohnung besichtigen zu lassen. Ich hatte mir gesagt, Sie könnten mir vielleicht Ihre Meinung dazu sagen.*

>

Das Wichtigste in Kürze

- Der Gebrauch des Plusquamperfekts ist problemlos, da diese Zeit im Französischen wie im Deutschen verwendet wird.
- Achtung! Das Plusquamperfekt des Hauptverbs être und avoir wird mit avoir gebildet.
  Mon grand-père avait été soldat. *Mein Großvater war Soldat gewesen.*

A1 A Setzen Sie die Verben ins Plusquamperfekt.

1 elle se lève — elle ....
2 ils arrivent — ils ....
3 nous venons — nous ....
4 elles comprennent — elles ....
5 tu vois — tu ....
6 je me couche — je ....
7 elles partent — elles ....
8 vous pouvez — vous ....

A2 B Bilden Sie negative Antworten im Plusquamperfekt.
Beispiel: Bernard, il l'avait déjà rencontré ? – *Non, il ne l'avait jamais rencontré.*

1 Ce musée, tu l'avais déjà visité ? – Non, je ....
2 Londres, vous y étiez déjà allés ? – Non, nous ....
3 Des huîtres, vous en aviez déjà mangé ? – Non, je ....
4 Cet examen, elle l'avait déjà passé ? – Non, elle ....
5 Du rugby, tu en avais déjà fait ? – Non, je ....
6 Ils vous avaient déjà contacté ? – Non, ils ....
7 Sophie, elle l'avait déjà invitée ? – Non, elle ....
8 Cette robe du soir, vous l'avez déjà mise ? – Non, je ....

A2 C Ergänzen Sie die Sätze im Plusquamperfekt.
Beispiel: J'ai rencontré le nouveau directeur, mais je l'avais déjà rencontré avant.

1 Nous sommes allés à Nice, mais nous ....
2 Il s'est renseigné encore une fois, mais il ....
3 Ce matin, je suis allée à la gare, mais ....
4 Tu t'es trompé dans tes calculs, mais ....
5 Elle a encore reçu une réponse négative, mais ....
6 J'ai préparé un autre dessert, mais ....

B1 D Fügen Sie das Plusquamperfekt in die Lücken ein.

Ma grand-mère qui s'appelait Maria et était portugaise, *(passer)* .... [1] son enfance près de Lisbonne. Elle *(venir)* .... [2] en France à 18 ans en 1936 pour chercher du travail. Maria *(rencontrer)* .... [3] Lucien, mon grand-père, dans un petit hôtel du pays basque où elle travaillait. Ma grand-mère avait 19 ans et *(apprendre)* .... [4] le français qu'elle parlait avec un charmant accent. Lucien et Maria *(tomber amoureux)* .... [5] tout de suite et ils *(se marier)* .... [6] en 1937. Ils ont eu une fille Lucie, ma mère et un fils, mon oncle Pedro.

Leçons 31 – 35

A2 A Fügen Sie dont oder auquel, à laquelle, auxquels, auxquelles.

1 La question .... j'aimerais pouvoir répondre est la suivante : qui va se présenter aux élections ?

2 C'est un dictionnaire .... j'ai besoin !

3 Les conclusions .... nous sommes arrivés sont négatives.

4 Le problème .... vous avez réfléchi est compliqué.

5 L'association .... il s'occupe aide les jeunes en difficulté.

6 C'est une étude de marché .... ils ont consacré beaucoup d'argent.

7 J'ai obtenu des résultats .... je suis très content.

8 Il s'agit de graves difficultés .... nous sommes confrontés.

9 J'ai retrouvé cette vieille photo de nous .... je t'ai parlé.

10 Cette nouvelle stratégie a des avantages .... vous n'avez pas encore pensé.

11 J'aimerais te présenter Igor, c'est mon professeur de russe .... je suis amoureuse !

Points ☐ /11

A2 B Ergänzen Sie den Dialog und gleichen Sie das Partizip Perfekt an, wenn nötig.

A : Tu as fait ta valise ?

B : Oui, je l'ai déjà fait ....[1] ce matin.

A : Tu as pris tes affaires de sport ?

B : Oui, je les ais mis ....[2] dans un autre sac.

A : Tu n'as pas oublié d'emporter des chaussettes en laine ?

B : Non, j'en ai pris ....[3] deux paires, ça suffit !

A : Tu as téléphoné aux cousins pour dire à quelle heure tu arrives demain matin ?

B : Oui, je leur ai téléphoné ....[4] à midi, ils viennent me chercher à la gare.

A : Tu as envoyé ta lettre pour ta demande de stage ?

B : Non, je ne l'ai pas envoyé ....[5], je dois faire mon CV *(Lebenslauf)*.

A : Qu'est-ce que tu attends ? Fais-le avant de partir !

B : J'ai presque fini, mais je n'ai pas encore corrigé ....[6] les fautes !

A : Bon, tu as besoin d'argent ?

B : Non, Jeanne m'a donné ....[7] 200 euros quand elle est venu ....[8] dîner hier soir.

A : Alors, bon voyage ma chérie ! Tu n'as rien oublié ....[9] ?

B : Non, ne t'inquiète pas ! À la semaine prochaine !

Points ☐ /9

A2 C Antworten Sie auf die Fragen und benutzen Sie den Konditional I (*conditionnel présent*).

1 Tu as envie de partir avec moi en Bretagne ? – Oui, ça me *(faire)* .... plaisir.

2 À quelle date est-ce qu'il faut rendre ce projet ? – À mon avis *(il faut)* .... le rendre le plus tôt possible.

3 Tu es trop fatiguée, ne pars pas en voyage ! – D'accord, tu as raison, je *(devoir)* .... annuler ce voyage.

4 C'est une bonne idée d'acheter cet appartement ? – Non, moi, je *(ne pas acheter)* .... à ce prix-là !

Points ☐ / 4

B1 D Setzen Sie die Sätze nach folgendem Muster ins Passiv:

Beispiel: En 1886 la France **offre** la statue de la Liberté à New York.
En 1886, la statue de la Liberté ***est offerte par*** *la France à New York.*

1 En 1634, le cardinal Richelieu a fondé l'Académie française.

....

2 En 1863, Monet expose son tableau *Le Déjeuner sur l'herbe* au Salon des Impressionnistes.

....

3 En 1939, la ville de Cannes organise son premier festival de cinéma.

....

4 En 1948, Renault a fabriqué la première 2 CV.

....

5 En 1971, l'État a accordé le droit de vote aux femmes suisses.

....

6 En 2018, la Russie organisera la Coupe du monde de foot.

....

7 En 2030, l'Europe couvrira ses besoins énergétiques grâce à l'énergie solaire.

....

Points ☐ / 7

B1 E Beantworten Sie die Fragen im Plusquamperfekt.

1 – Le village natal de ton grand-père, tu y étais déjà allé ?
– Non, je *(ne jamais aller)* ....

2 – Est-ce que ta famille avait toujours vécu dans ce village ?
– Non, mais elle *(vivre)* .... longtemps dans la région.

3 – Pourquoi est-ce que ton père avait voulu partir du village ?
– Je ne sais pas exactement, mais j'ai appris récemment qu'il *(avoir)* .... beaucoup de problèmes avec les gens du village.

4 – Il avait encore d'autres raisons ?
– Oui, on m'a raconté qu'en fait il *(ne jamais pouvoir)* .... accepter les conditions de travail à la ferme.

Points ☐ / 4

36 Der Konditional II
Le conditionnel passé

A: Tu n'aurais pas dû prendre l'autoroute ! C'est bloqué.
B: Si tu avais écouté les infos, tu aurais su à partir d'où c'était bloqué.

Bildung des Konditionals II (*conditionnel passé*)

Der Konditional II ist eine zusammengesetzte Zeit, deren Struktur Ähnlichkeit mit der des *passé composé* bzw. des Plusquamperfekts hat. Der Konditional II wird mit dem Konditional I (*conditionnel présent*) der Hilfsverben **avoir** und **être** und dem Partizip Perfekt (*participe passé*) des jeweiligen Verbs gebildet. Auch hier gelten die Angleichungsregeln des Partizips Perfekt. Wird der Konditional II mit **être** gebildet, so muss das Partizip an das Subjekt angeglichen werden. Wenn dieses sich aus unterschiedlichen Geschlechtern zusammensetzt, wird das Partizip an das Maskulinum (Plural) angeglichen.

Infinitiv	conditionnel passé (avoir)	conditionnel passé (être)	Reflexivverben (être)
Verb -er	j'aurais cherché	je serais allé(e)	je me serais préparé(e)
	tu aurais cherché	tu serais allé(e)	tu te serais préparé(e)
	il/elle/on aurait cherché	il/elle/on serait allé(e)(s)	il/elle/on se serait préparé(e)(s)
	nous aurions cherché	nous serions allé(e)s	nous nous serions préparé(e)s
	vous auriez cherché	vous seriez allé(e)(s)	vous vous seriez préparé(e)(s)
	ils/elles auraient cherché	ils/elles seraient allé(e)s	ils/elles se seraient préparé(e)s
Verb -ir	j'aurais choisi ...	je serais parti(e) ...	je me serais senti(e) ...
Verb -re	j'aurais attendu ...	je serais descendu(e) ...	je me serais inscrit(e) ...

!

Merke: Das Verb **avoir** verwendet das Hilfsverb **avoir**. Daher wird **il y a** im *conditionnel passé* zu **il y aurait eu**. Das Verb **être** verlangt ebenfalls das Hilfsverb **avoir**, z. B. **j'aurais été**, **tu aurais été** ... oder **ça aurait été**. Genauso wird der Ausdruck **Il faut** zu **Il aurait fallu**.

Gebrauch des *conditionnel passé*

Diese Zeit wird benutzt, um:

- **Wünsche, Vorschläge und Ratschläge zu äußern.**
  Je **serais** bien **allée** au cinéma ! *Ich wäre gerne ins Kino gegangen!*
  Tu **aurais** mieux **fait** de déménager. *Du hättest lieber umziehen sollen.*
- **höfliche Bitten, Bedauern und Vorwürfe zu formulieren.**
  Vous n'**auriez** pas **vu** mes clés par hasard ? *Sie haben nicht zufällig meine Schlüssel gesehen?*
  J'**aurais dû** aller plus tôt chez le médecin. *Ich hätte früher zum Arzt gehen müssen.*
  Tu **aurais pu** téléphoner avant de passer ! *Du hättest anrufen können, bevor du vorbeikommst!*
- **eine irreale Hypothese in der Vergangenheit zu formulieren.**
  Dazu verwendet man folgendes Grundschema: **si** + Plusquamperfekt, Hauptsatz + *conditionnel passé*

  Im Unterschied zum Deutschen wird in einem Bedingungssatz mit **si** (*wenn*) im Hauptsatz der **Konditional II** verwendet, im Nebensatz mit **si** steht das Verb immer im **Plusquamperfekt**.
  Si nous avions écouté les infos à la radio, **nous n'aurions pas pris** l'autoroute.
  Wenn wir die Nachrichten im Radio gehört hätten, hätten wir nicht die Autobahn genommen.

>

Das Wichtigste in Kürze
- **Die Bildung des Konditional II ist einfach, da sie nach den gleichen Bildungsregeln wie das *passé composé* bzw. das Plusquamperfekt erfolgt.**
- **Im Unterschied zum Deutschen muss in einem Bedingungssatz mit si nach si das Plusquamperfekt stehen und im Hauptsatz das Konditional II.**

A1 **A** **Bilden Sie zuerst das *passé composé* (1) und dann das *conditionnel passé* (2).**

1 ils ont (1) .... (2) ....
2 elle est (1) .... (2) ....
3 c'est (1) .... (2) ....
4 il y a (1) .... (2) ....
5 tu peux (1) .... (2) ....
6 nous partons (1) .... (2) ....
7 je prends (1) .... (2) ....
8 il veut (1) .... (2) ....
9 elle part (1) .... (2) ....
10 elle se couche (1) .... (2) ....
11 vous envoyez (1) .... (2) ....
12 nous faisons (1) .... (2) ....

A2 **B** **Ergänzen Sie die Sätze mit dem Verb im *conditionnel passé*. Wählen Sie das richtige Hilfsverb!**
Beispiel: Si j'avais su, je *(aller)* .... au concert. ▸ serais allé(e) au concert.

1 Si tu avais fait un régime, tu *(perdre)* .... cinq kilos en un mois.
2 Si j'avais été fatiguée, je *(se reposer)* .... dans ma chambre avant le dîner.
3 Si elle avait pu, elle *(prendre)* .... l'avion, pas le train.
4 Si nous avions parlé un peu russe, nous *(ne pas avoir besoin)* .... de guide.
5 Si j'avais terminé mes études, je *(ne pas devoir)* .... travailler dans un hôtel.
6 Si je n'avais pas été en retard, je *(avoir)* .... le temps d'acheter des fleurs.
7 Si vous aviez pris plus de vacances, vous *(revenir)* .... en pleine forme.
8 Si tu avais travaillé, tu *(se préparer)* .... sérieusement à ton examen.
9 Si elles étaient arrivées à l'heure, la réunion *(se terminer)* .... à six heures.
10 S'il avait fini ses études de médecine, il *(partir)* .... vivre en Afrique.

B1 **C** **Fügen Sie jeweils die richtige Zeit ein (*plus-que-parfait*, *conditionnel passé*).**

1 Si tu *(être)* .... à ma place, qu'est-ce que tu *(faire)* .... ?
2 Si nous *(avoir)* .... des informations précises, nous *(ne pas arriver)* .... en retard.
3 Si vous *(téléphoner)* .... plus tôt, je *(avoir)* .... le temps de faire les courses pour préparer un repas !
4 Si je *(apprendre)* .... à danser le tango, je *(trouver)*.................... un partenaire.
5 Si vous *(parler)* .... la langue du pays, vous *(avoir)* .... plus de contacts.
6 Si je *(choisir)* .... une autre profession, je *(partir)* .... travailler à l'étranger.
7 Si tu *(se marier)* .... avec Maria, tu *(vivre)* .... au Brésil.
8 Si nous *(raconter)* .... cette histoire, personne ne nous *(croire)* ....

37 Der *subjonctif* – Teil I
Le subjonctif – 1e partie

80 kilos pour 1,60 m ! C'est trop, il faut que vous perdiez du poids !
Il faut que vous fassiez du sport !

Formen
Der *subjonctif présent* wird gebildet, indem man an den Stamm der 3. Person Plural Präsens des Indikativs folgende Endungen anhängt: -e, -es, -e, -ions, -iez, -ent. Diese Endungen sind regelmäßig und gelten für alle regelmäßigen und unregelmäßigen Verben. Die 1. und 2. Person Mehrzahl sind dieselben wie im *imparfait* (s. Lektion 28), die restlichen Endungen sind mit denen der Verben auf -er im Präsens identisch.
Nach einem „*subjonctif*-Auslöser" (s. **Gebrauch**) folgt immer ... que im Nebensatz, deshalb steht que hier in der Konjugationsübersicht.

Verben auf -er	Verben auf -ir	Verben auf -re
chercher	finir	attendre
que je cherche	que je finisse	que j'attende
que tu cherches	que tu finisses	que tu attendes
qu'il/qu'elle/qu'on cherche	qu'il/qu'elle/qu'on finisse	qu'il/qu'elle/qu'on attende
que nous cherchions	que nous finissions	que nous attendions
que vous cherchiez	que vous finissiez	que vous attendiez
qu'ils/qu'elles cherchent	qu'ils/qu'elles finissent	qu'ils attendent

Unregelmäßige Verben

avoir *haben*	que j'aie que tu aies qu'il/qu'elle ait	que nous ayons que vous ayez qu'ils/qu'elles aient
être *sein*	que je sois que tu sois qu'il/qu'elle soit	que nous soyons que vous soyez qu'ils/qu'elles soient
aller *gehen*	que j'aille ...	que nous allions ...
faire *machen*	que je fasse ...	que nous fassions ...
falloir *erforderlich sein*	qu'il faille	
pouvoir *können*	que je puisse ...	que nous puissions ...
savoir *wissen*	que je sache ...	que nous sachions ...
vouloir *wollen*	que je veuille ...	que nous voulions ...

Gebrauch
Nach einem sogenannten Auslöser folgt im Nebensatz nach que automatisch der *subjonctif*. Als Auslöser fungieren bestimmte Verbgruppen, Ausdrücke oder Konjunktionen.

- **Der *subjonctif présent* ist sowohl in der gesprochenen als auch in der geschriebenen Sprache sehr geläufig, z. B. die Konstruktion mit Il faut que ...**
  Il faut que j'aille chez le dentiste. *Ich muss (unbedingt) zum Zahnarzt.*
- **Während der Indikativ eine Tatsache oder einen Vorgang objektiv darstellt, gibt der *subjonctif* einen Vorgang aus der subjektiven Sicht des Sprechers an.**
  (Indikativ) Il est malade. *Er ist krank. (eine Tatsache)*
  (Subjonctif) Je ne pense pas qu'il soit malade. *Ich denke nicht, dass er krank ist.*
- **Der französische *subjonctif* darf nicht mit dem deutschen Konjunktiv verwechselt werden.**
  Il dit qu'il est malade. *Er sagt, er sei krank.*

Das Wichtigste in Kürze
- Achtung: Nicht alle Nebensätze mit que enthalten den *subjonctif*.
- Der französische *subjonctif* ist mit dem deutschen Konjunktiv nicht vergleichbar!

A1 A **Geben Sie die passende Form des Verbs im *subjonctif* an.**

1 vous faites ....
2 nous sommes ....
3 vous avez ....
4 nous pouvons ....
5 tu es ....
6 vous achetez ....
7 ils vont ....
8 je finis ....
9 vous attendez ....
10 tu veux ....
11 elle sait ....
12 vous essayez ....
13 tu as ....
14 vous voulez ....
15 je peux ....
16 tu vas ....

A2 B **Ersetzen Sie devoir in den Sätzen durch il faut que + *subjonctif*.**

Beispiel: Je dois attendre une heure. *Il faut que j'attende une heure.*

1 Tu dois finir ce travail aujourd'hui avant cinq heures.

....

2 Je dois aller à la poste pour envoyer un paquet.

....

3 Vous devez faire les courses sans moi.

....

4 Il doit prendre le train très tôt direction Nantes.

....

5 Nous devons nous acheter une voiture à crédit.

....

6 Vous devez chercher ces informations sur Internet.

....

7 Tu dois savoir à qui t'adresser pour ton visa.

....

8 Je dois pouvoir partir le week-end sans problèmes.

....

9 Nous devons attendre les résultats des analyses.

....

10 Vous devez choisir entre ces deux possibilités de financement.

....

B1 C **Antworten Sie auf die Fragen mit einem Verb im *subjonctif*.**

1 Est-ce que c'est important que vous parliez anglais ?
2 Il faut que vous fassiez souvent des voyages d'affaires ?
3 Est-ce qu'il est utile que vous participiez à toutes les réunions ?
4 Est-ce qu'il faut que vous preniez des décisions seul ?
5 Est-ce que vous voulez que vos collègues soient des amis ?

38 Der *subjonctif* – Teil II
Le subjonctif – 2e partie

On prépare le repas en attendant qu'ils reviennent.
Je te donne une photo pour que tu la reconnaisses à l'aéroport.

Der *subjonctif* Präsens im Relativsatz

- Der *subjonctif présent* steht in einem Relativsatz, wenn die Aussage einen Wunsch bzw. eine Hypothese ausdrückt.

Vergleiche:	Indikativ = Tatsache	*subjonctif* = Wunsch

Je cherche quelqu'un qui **est** capable de réparer mon ordinateur.
Ich suche jemanden, der in der Lage ist, meinen Computer zu reparieren.
Je cherche quelqu'un qui **soit** capable de réparer mon ordinateur.
Ich suche jemanden, der in der Lage sein könnte, meinen Computer zu reparieren.

- Der *subjonctif* steht nach folgenden Verben und Ausdrücken, die ...

a) eine **wertende Stellungnahme** wiedergeben.
accepter que *akzeptieren* **exiger que** *fordern* **préférer que** *vorziehen*
Folgende Verben stehen im Nebensatz in der verneinten Form mit **que**:
croire / **penser que** *nicht glauben / denken* **espérer que** *nicht hoffen*
s'imaginer que *sich nicht vorstellen* **trouver que** *nicht finden*

b) ein **Verbot** ausdrücken. **interdire que** *verbieten* **refuser que** *ablehnen*

c) ein **Bedauern** oder einen **Wunsch** ausdrücken. **aimer mieux que** *lieber mögen*
désirer / **souhaiter que** *wünschen* **regretter que** *bedauern* **vouloir que** *wollen*

d) **unpersönliche Verben / Ausdrücke** enthalten.
il est important / **nécessaire que** *es ist wichtig / notwendig, dass* **il faut** / **il faudrait que** *es ist / wäre erforderlich, dass* **il vaut mieux que** *es ist besser, dass* **c'est dommage que** *es ist schade, dass*
être content / **heureux que** *sich freuen, dass* **être déçu** / **surpris que** *enttäuscht / überrascht sein, dass*

Der *subjonctif* Präsens nach Konjunktionen
Der *subjonctif* steht automatisch nach sogenannten Auslösern. Diese Auslöser sind Elemente wie Verben, Ausdrücke oder wie hier Konjunktionen. Die Konjunktionen können ein Ziel, eine Absicht oder eine Einschränkung ausdrücken.

Konjunktionen	Beispielsatz	Übersetzung
à condition que *unter der Voraussetzung, dass*	... à condition qu'il **soit** d'accord.	*... unter der Voraussetzung, dass er einverstanden ist.*
afin que / **pour que** *damit*	... afin que tu **puisses** venir.	*... damit du kommen kannst.*
avant que ... ne *bevor*	... avant qu'il **ne pleuve**.	*... bevor es regnet.*
bien que *obwohl, obgleich*	... bien qu'il **soit** amoureux.	*... obwohl er verliebt ist.*
en attendant que *so lange ... bis*	... en attendant qu'ils **reviennent**.	*... so lange bis sie zurück sind.*
jusqu'à ce que *bis*	... jusqu'à ce que nous **nous décidions**.	*... bis wir uns entscheiden.*
de manière à ce que / **de sorte que** *sodass*	... de manière à ce que tu me **reconnaisses**.	*... sodass du mich erkennen kannst.*
pour que *damit*	... pour que je **puisse** travailler.	*... damit ich arbeiten kann.*
sans que *ohne dass*	... sans qu'elle **s'en aperçoive**.	*... ohne dass sie es merkt.*

Das Wichtigste in Kürze
- Alle Verben und Ausdrücke, nach denen der *subjonctif* folgt, muss man auswendig lernen!
- Im Gegensatz zum Indikativ drückt der *subjonctif* eine persönliche und subjektive Interpretation eines Vorgangs aus.

A2 **A Setzen Sie die Verben im *subjonctif* ein.**

1 Je préfère que tu *(être)* .... présent à la réunion.

2 Je ne crois pas qu'il *(pouvoir)* .... se décider aussi vite.

3 Ses parents exigent qu'elle *(avoir)* .... de meilleurs résultats scolaires.

4 Nous sommes déçus que le festival de musique *(être)* .... supprimé cette année.

5 C'est dommage que vous *(ne pas pouvoir)* .... venir assister au mariage.

6 Il vaut mieux qu'il *(faire)* .... une cure en montagne pour ses poumons.

7 Il est important que nous *(savoir)* .... rapidement si la banque nous accorde un crédit.

8 Je ne crois pas qu'il *(avoir)* .... envie de travailler dans un bureau.

A2 **B Formulieren Sie die Aussagen um. Setzen Sie den *subjonctif* nach bien que ein.**

Beispiel: Il n'est pas joignable. Il a un portable. *Bien qu'il ait un portable, il n'est pas joignable.*

1 Nous sommes voisins. Nous ne nous connaissons pas bien.

....

2 Il n'a pas de diplôme. Il fait un travail bien payé.

....

3 Vous parlez bien anglais. Vous ne comprenez pas tout.

....

4 Elle n'a pas beaucoup d'argent. Elle s'achète beaucoup de vêtements.

....

5 Les critiques ne sont pas bonnes. On a quand même envie d'aller voir ce film.

....

6 Il est très timide. Il a accepté cette invitation de Lucie.

....

B1 **C Fügen Sie den *subjonctif* nach den Konjunktionen ein.**

1 Tu as déjà prévenu Luc pour qu'il *(aller)* .... chercher Léa à l'aéroport ?

2 Il a préparé les documents avant que les candidats *(venir)* .... passer l'examen ?

3 Désolé, je ne peux pas attendre jusqu'à ce que tu *(être)* .... de retour.

4 J'ai un vol pour Paris à 90 euros à condition que vous *(se décider)* .... tout de suite.

5 Parlez plus distinctement s'il vous plaît afin que je *(comprendre)* .... votre nom au téléphone.

6 Il faut un mois jusqu'à ce que nous *(avoir)* .... tous les papiers officiels.

7 Elle a réussi à quitter la réunion sans qu'on s'en *(apercevoir)* ....

8 On a choisi la salle de manière à ce que tous les participants *(pouvoir)* .... voir les discussions sur un grand écran.

39 Das *futur antérieur*

Le futur antérieur

A : Dis papa, quand est-ce que j'aurai une voiture ?
B : Dès que tu auras passé ton bac !

Formen

Das *futur antérieur* ist eine zusammengesetzte Zeit. Um sie zu bilden, benutzt man die Futurformen von avoir oder être mit dem jeweiligen Partizip Perfekt. Wird das *futur antérieur* mit être gebildet, muss die Partizipendung mit der des Subjekts übereinstimmen. Setzt sich das Subjekt aus unterschiedlichen Geschlechtern zusammen, wird das Partizip an das Maskulinum (Plural) angeglichen.

futur antérieur + avoir	futur antérieur + être	futur antérieur mit être
faire	aller	se préparer
j'aurai fait	je serai allé(e)	je me serai préparé(e)
tu auras fait	tu seras allé(e)	tu te seras préparé(e)
il/elle/on aura fait	il/elle/on sera allé(e)(s)	il/elle/on se sera préparé(e)(s)
nous aurons fait	nous serons allé(e)s	nous nous serons préparé(e)s
vous aurez fait	vous serez allé(e) / allé(e)s	vous vous serez préparé(e)(s)
ils/elles auront fait	ils/elles seront allé(e)s	ils/elles se seront préparé(e)s
verneinte Form	verneinte Form	verneinte Form
je n'aurai pas fait	je ne serai pas allé(e)	je ne me serai pas préparé(e)
tu n'auras pas fait ...	tu ne seras pas allé(e) ...	tu ne te seras pas préparé(e) ...

! Merke: c'est ▸ ça aura été, ça n'aura pas été   il y a ▸ il y aura eu, il n'y aura pas eu

Gebrauch

Diese Zeit gehört zur Standardsprache. Die Form des *futur* wird im Zusammenhang mit dem *futur simple* (s. Lektion 16) verwendet. Wie die Bezeichnung *antérieur* (vorher) andeutet, wird mit dem *futur antérieur* ein Vorgang ausgedrückt, der zu einem bestimmten Zeitpunkt in der Zukunft **vor** einem anderen Vorgang (der dann im *futur simple* steht) abgeschlossen ist. Aus diesem Grund wird das *futur antérieur* vorwiegend nach folgenden Konjunktionen gebraucht: dès que *sobald*   une fois que *einmal, dass*   quand *wenn*.

Tu auras une voiture **dès que** tu auras passé ton bac !
Du wirst einen eigenen Wagen haben, sobald du dein Abi bestanden hast!
Dès que je serai arrivée, je te téléphonerai ! *Sobald ich angekommen sein werde, werde ich dich anrufen !*
Une fois qu'il aura obtenu une bourse, il partira faire ses études aux États-Unis.
Wenn er erst einmal ein Stipendium erhalten hat, wird er in den USA studieren.
Demain, j'irai faire les courses **quand** j'aurai fini mon travail.
Morgen werde ich einkaufen gehen, wenn ich meine Arbeit erledigt haben werde.

- **Das *futur antérieur* wird gebraucht, um eine Annahme oder eine Möglichkeit auszudrücken.**
  Il n'était pas à la gare. Il aura encore une fois raté son train !
  Er war nicht am Bahnhof. Er wird schon wieder seinen Zug verpasst haben!
  Elle n'est toujours pas arrivée. Elle se sera sans doute levée trop tard !
  Sie ist immer noch nicht da. Sie wird vermutlich zu spät aufgestanden sein!

- **Diese Zeit wird auch verwendet, um ein Gefühl der Gereiztheit oder Verärgerung auszudrücken.**
  Quand tu auras enfin fini, tu me le diras ! *Wenn du endlich mal fertig bist (sein wirst), sag mir Bescheid!*
  Tu as encore eu un accident, mais tu l'auras bien cherché !
  Du hast wieder einen Unfall gehabt, aber du hast es nicht anders verdient!

Das Wichtigste in Kürze

- **Das *futur antérieur* bezeichnet einen Vorgang, der zu einem bestimmten Zeitpunkt in der Zukunft abgeschlossen sein wird.**
- **Im Deutschen wird das *futur antérieur* meist im Präsens wiedergegeben.**

A1 A Alle Verben sind im *futur simple*. Fügen Sie die Formen des *futur antérieur* ein.

1 vous vous préparerez ....
2 nous partirons ....
3 vous aurez ....
4 nous pourrons ....
5 tu prêteras ....
6 vous chercherez ....
7 ils s'occuperont ....
8 je serai ....
9 vous préviendrez ....
10 tu voudras ....
11 elle saura ....
12 vous vous habillerez ....
13 je ferai ....
14 vous installerez ....
15 tu reviendras ....
16 nous découvrirons ....

A2 B Ergänzen Sie die Sätze mit dem *futur antérieur*.

1 Vous pourrez commencer votre travail dès que les documents en anglais *(arriver)* ....
2 Une fois que tu *(finir)* .... le dessert, on mettra la table.
3 Dès que je *(se raser)* .... je te laisserai la place dans la salle de bains.
4 Quand il *(installer)* .... le scanner, je pourrai t'envoyer les textes.
5 Nous serons soulagés quand nous *(déménager)* ....
6 Je m'occuperai de ta traduction en français dès que je *(terminer)* .... mon travail.
7 Une fois qu'on *(acheter)* .... une voiture, on ira plus souvent à la campagne.
8 Quand tu *(s'abonner)* .... à un journal en français, tu feras vite des progrès.
9 Vous vous occuperez de ce dossier dès que nous *(obtenir)* .... des renseignements complémentaires sur ce client.
10 Je te montrerai notre nouvel appartement quand tu *(revenir)* .... de ton voyage.

B1 C Schreiben Sie die Sätze um. Verwenden Sie dabei das *futur* und das *futur antérieur*.

Beispiel: D'abord, je prends une douche, ensuite je me change pour sortir.
Dès que j'aurai pris une douche, je me changerai pour sortir.

1 D'abord, on prend l'apéritif, ensuite on se met à table.

....

2 D'abord, tu ranges tes affaires, ensuite tu vas jouer avec tes copains.

....

3 D'abord, je passe à la pharmacie, ensuite je vais faire les courses.

....

4 D'abord, elle fait une sieste, ensuite elle continue à travailler.

....

5 D'abord, vous vous occupez des enfants, ensuite vous faites le ménage.

....

6 D'abord il rentre chez lui, ensuite il nous rejoint au restaurant.

....

40 Die indirekte Rede
Le discours indirect

J'en ai assez! Il me demande toujours si je sors, où je vais, à quelle heure je rentre et avec qui je parle au téléphone!

- **In der direkten Rede *(discours direct)* werden die Aussagen einer Person wortwörtlich wiedergegeben.**
  Elle dit : «Je pars en vacances.» *Sie sagt: „Ich fahre in den Urlaub."*
  Il me demande : «Est-ce que tu sors ?» *Er fragt mich: „Gehst du raus?"*

- **In der indirekten Rede *(discours indirect)* werden die Aussagen einer Person inhaltlich wiedergegeben. Der Satz, der diese Wiedergabe enthält, ist immer ein Nebensatz, der einem einleitenden Verb wie dire *sagen*, raconter *erzählen* usw. folgt.** Die indirekte Rede wird durch que (vor Vokal qu') eingeleitet.
  Indirekte Rede: Elle dit qu'elle part en vacances. *Sie sagt, dass sie in den Urlaub fährt.*

- **Die indirekte Frage wird durch si (vor Vokal s') eingeleitet.**
  Indirekte Rede: Il me demande si je sors. *Er fragt, ob ich rausgehe.*

- **Wird ein Satz von direkter in indirekte Rede umgestellt, verändern sich folgende Elemente:**
  – die **Zeiten**. Sie verschieben sich je nach der Zeit des einleitenden Verbs. Steht das einleitende Verb im Präsens, im *futur* oder im Konditional I (*conditionnel présent*), dann ändern sich die Zeiten im Nebensatz nicht, außer beim Imperativ.
  – die **Personal- und Possessivbegleiter**: u. a. wird die erste Person systematisch zur dritten Person.
  – bestimmte **Ortsangaben** und **Zeitadverbien**: ici ▸ là aujourd'hui ▸ ce jour-là
  l'année dernière ▸ l'année précédente demain ▸ le lendemain hier ▸ la veille

Direkte Rede	Indirekte Rede
Das einleitende Verb steht im Präsens.	
Lucie dit : «Mes amis sont en vacances.»	Lucie dit que ses amis sont en vacances.
Pierre dit «Ma femme et moi, nous sommes allés au cinéma hier soir.»	Pierre dit que sa femme et lui sont allés au cinéma hier soir.
Achtung beim Imperativ! Rends-moi ma clé !	Imperativ wird zu Infinitivsatz mit Änderung der Pronomen! Il m'ordonne de lui rendre sa clé.
Il me demande : «Tu viens ?»	Il me demande si je viens.
Il me demande : «Qu'est-ce qui est difficile ? »	Il me demande ce qui est difficile.
Il me demande : «Qu'est-ce que tu fais ici ?»	Il me demande ce que je fais là.
Il me demande : «À quelle heure est-ce que tu pars ?»	Il me demande à quelle heure je pars. Achtung! est-ce que entfällt!
Das einleitende Verb steht in einer Zeit der Vergangenheit.	
Präsens	**Imperfekt**
Il a dit : «Mon amie est jalouse.»	Il a dit que son amie était jalouse.
Perfekt	**Plusquamperfekt**
Il a dit : « Une fois mon amie a téléphoné chez moi à une heure du matin. »	Il a dit que son amie avait téléphoné une fois chez lui à une heure du matin.
futur simple	**Konditional I (*conditionnel présent*)**
Il a dit : «La prochaine fois je ne répondrai pas au téléphone.»	Il a dit que la prochaine fois il ne répondrait pas au téléphone.
***futur antérieur* (Futur II)**	**Konditional II (*conditionnel passé*)**
Il m'a demandé : «Quand est-ce que tu auras fini tes études ?»	Il lui a demandé quand il aurait fini ses études.

Das Wichtigste in Kürze
- **Ist die indirekte Rede in der Vergangenheit, so ändern sich die Zeiten im Nebensatz.**
- **Im Unterschied zum Deutschen ändert sich die Wortstellung im Französischen in der indirekten Rede nicht. Es steht kein Komma vor dem Nebensatz.**

A1 A Setzen Sie die Sätze in die indirekte Rede.

Beispiel: Je suis fatigué. *Il te dit qu'il est fatigué.*

1	Il fait beau temps.	Il te dit ....
2	«Ferme la porte !»	Il te demande ....
3	Qu'est-ce que tu préfères ?	Il te demande ....
4	Je suis sorti avec Hélène.	Il te dit ....
5	La fête aura lieu dimanche prochain.	Il te dit ....
6	Pourquoi tu n'aimes pas ce film ?	Il te demande ....
7	Qu'est-ce qui te ferait plaisir ?	Il te demande ....

A2 B Ergänzen Sie die Sätze mit der indirekten Rede.

1 Tu fais du sport.

On m'a dit que tu ....

2 Il ne vient jamais aux réunions de famille.

Elle a raconté que ....

3 Ils ont envoyé de l'argent en Afrique.

Elle a dit que ....

4 Je suis arrivée en retard.

Il a raconté que ....

5 Tu ne seras pas là demain au bureau.

Elle a prévenu les collègues que ....

6 Il a passé deux ans à l'étranger.

Il a raconté que ....

7 Je ferai du ski avec elle le week-end prochain.

Elle a raconté que ....

8 Hier, j'ai vu Sylvie dans la rue devant le cinéma.

Il a dit que ....

9 Je n'ai pas reçu de réponse.

Elle a raconté que ....

10 Je n'aurai pas fini mon travail lundi.

Il a dit que ....

B1 C Setzen Sie diese kurze Erzählung in die indirekte Rede.

Antoine a raconté : «Je suis arrivé le matin à Londres. Je suis allé directement à mon hôtel. Après, j'ai fait une petite sieste. Ensuite, j'ai pris une douche. Vers trois heures, j'ai rencontré Sophie au musée. Ensuite, je l'ai invitée au restaurant.»

....

....

....

Leçons 36 – 40

A2 **A** **Fügen Sie jeweils die richtige Zeit – Konditional I (*conditionnel présent*) oder Konditional II (*conditionnel passé*) – ein.**

1 Ce film est très intéressant, tu *(devoir)* .... aller le voir, la semaine prochaine il ne passe plus.

2 Nous avons découvert des vieux villages magnifiques, vous *(devoir)* .... faire cette randonnée avec nous dans les Cévennes.

3 Je *(aimer)* .... devenir chanteuse de jazz, malheureusement ce n'est pas possible.

4 Il *(aimer)* .... faire d'autres études, mais ses parents n'ont pas voulu les lui financer.

5 Elle est arrivée avec deux heures de retard, elle *(pouvoir)* .... nous prévenir !

6 Tu n'as rien à faire aujourd'hui ? Alors, tu *(pouvoir)* .... enfin m'aider à faire le ménage !

7 Faire un grand voyage en Inde ? Pourquoi pas ? Ça me *(plaire)* ....

8 Pourquoi tu ne m'as pas proposé de faire un cours d'italien à Venise avec toi ? Ça me *(plaire)* ....

9 Un thé ? Non merci, mais je *(prendre)* .... volontiers un jus d'ananas.

10 Désolée, je ne savais pas que tu aimais le jazz, je *(prendre)* .... un billet de concert pour toi !

Points ☐ /10

A2 **B** **Setzen Sie die Verben im *subjonctif présent* ein.**

1 Il faut que tu *(apprendre)* .... à conduire cet été.

2 Il faut que je *(être)* .... à l'aéroport dans une heure.

3 Il faut que vous *(finir)* .... d'abord vos études de médecine.

4 Il ne faut pas qu'elle *(prendre)* .... ce médicament.

5 Il faut que je *(aller)* .... chercher les enfants à l'école.

6 Il faut qu'ils *(faire)* .... du sport pour perdre du poids.

7 Il faut que vous *(attendre)* .... longtemps pour avoir un rendez-vous chez ce dentiste.

8 Il ne faut pas que nous *(arriver)* .... en retard à la réunion.

Points ☐ /8

A2 **C** **Fügen Sie das *futur antérieur* ein.**

1 Je vous emmènerai faire de la voile quand vous *(apprendre)* .... à nager.

2 Nous téléphonerons aux parents dès que nous *(arriver)* .... à Paris.

3 Quand nous *(comprendre)* .... le problème, nous pourrons trouver une solution.

4 Elle rentrera du bureau dès que la réunion *(se terminer)* ....

5 Nous achèterons cet appartement quand nous *(obtenir)* .... un crédit de la banque.

Points ☐ /5

B1 D Ergänzen Sie die Sätze mit einer der folgenden Konjunktionen.

à condition que • afin que • de manière à ce que • jusqu'à ce que • pour que • sans que

1 Est-ce que tu pourrais venir me chercher à la gare .... je sois à l'heure chez le notaire ?

2 Nous allons continuer à chercher des informations .... le dossier soit complet.

3 L'esthéticienne l'a maquillée .... elle fasse dix ans de moins.

4 Vous ne pouvez pas simplement attendre .... je sois de retour pour prendre une décision ?

5 Je suis d'accord avec vous .... vous vous occupiez des modalités de financement du projet.

6 Nous avons donné les clés à la voisine .... qu'elle puisse ouvrir au livreur.

7 Ils se sont mariés .... leurs familles soient au courant.

8 Tu devrais formuler tes invitations .... personne ne se sente obligé de faire un cadeau.

Points ☐ / 8

B1 E Indikativ oder *subjonctif*? Lesen Sie die Sätze und unterstreichen Sie die richtige Antwort.

1 C'est vrai qu'il y a/ait beaucoup de monde à cette exposition.

2 Je ne crois pas que ce soit / c'est une bonne idée de partir en août.

3 C'est dommage que tu ne viens/viennes pas au mariage !

4 Il est très important que nous faisons/fassions un nouveau projet culturel.

5 Il vaut mieux qu'il réfléchisse/réfléchit avant de passer à l'action.

6 Nous ne sommes pas sûrs que nous pouvons/puissions vous aider.

7 Elle est déçue qu'il n'est/ne soit pas venu.

8 J'aime mieux que ton frère conduit/conduise la voiture, il est plus prudent !

9 Je regrette que vous n'êtes / ne soyez pas d'accord entre vous.

10 Actuellement, il est nécessaire que les enfants font/fassent des études.

Points ☐ /10

B1 F Setzen Sie die Sätze in die indirekte Rede.

1 Tu sais jouer au tennis.

On m'a dit que tu ....

2 Ils ne font plus de grands voyages.

Ils ont raconté que..

3 Elle a organisé une exposition de peinture.

Elle a dit que ....

4 Ils seront en retard.

Ils ont prévenu que ....

5 Vous n'êtes pas allé en Bretagne l'année dernière.

Elle a raconté que ....

6 Nous ferons une croisière avec toi l'été prochain.

Tu as raconté que ....

Points ☐ / 6

Exercices 1

A 1D 2E 3H 4G 5B 6A 7F 8C

B 1 la 2 le 3 le 4 le 5 la 6 l' 7 le 8 l' 9 la 10 le 11 le 12 l'

C 1 l'infirmière 2 l'acteur 3 la gardienne 4 le directeur 5 la caissière 6 l'agriculteur 7 la journaliste 8 l'informaticien 9 la vendeuse

D 1 prix 2 neveux 3 journaux 4 gâteaux 5 choix 6 nez 7 bureaux 8 choux 9 jeux 10 cadeaux 11 gris 12 chapeaux

Exercices 2

A 1 la la 2 le 3 le le 4 La 5 le 6 l' 7 La 8 Les 9 L' 10 *ohne Artikel* 11 les 12 la, l'

B 1 une, un 2 un 3 une, des, une 4 un 5 une 6 un 7 une, un 8 des 9 une 10 des

C 1 au 2 du 3 aux 4 des 5 du 6 aux 7 au 8 des

D 1 les 2 une 3 la 4 La 5 le 6 un 7 des 8 un 9 le

Exercices 3

A 1 est 2 sont 3 est, suis 4 es 5 sommes 6 suis, est

B 1 a 2 as 3 n'ai pas 4 avons 5 ont 6 avez

C 1 allez 2 vas 3 vont 4 va 5 vais 6 allons

D 1 sommes 2 allons 3 a 4 avons 5 est 6 a

E 1 as, n'ai pas 2 êtes, ne suis pas 3 allez, n'allons pas 4 a, n'a pas

Exercices 4

A 1 elle 2 vous moi 3 lui 4 elles 5 eux 6 toi

B 6, 1, 2, 5, 4, 3, 7

C 1 tu 2 toi 3 Tu 4 je 5 toi 6 moi, je 7 Ils 8 elle 9 lui 10 il 11 nous 12 nous 13 eux, on

D 1 nous *oder* moi 2 moi 3 nous 4 vous 5 moi 6 vous *oder* moi

Exercices 5

A 1 Elles cherchent un appartement à Toulouse.
2 Nous achetons trois billets pour le festival de musique d'Aix.
3 On préfère payer avec une carte de crédit.
4 S'il vous plaît, vous envoyez un mail à l'hôtel pour réserver deux chambres?
5 Nous commençons la réunion de travail sans le directeur.
6 Comment est-ce que tu épelles ce nom polonais ?
7 Au déjeuner nous mangeons souvent une salade et un sandwich.
8 Je préfère inviter Sandrine sans Serge.

B 1 J'achète 2 préfère 3 pèse 4 j'essaie *oder* j'essaye 5 J'emploie

C 1 nettoyons 2 essuyez 3 voyageons 4 avançons 5 rappelle 6 projettent

Exercices 6

A 1 Quand est-ce que vous avez rendez-vous chez le dentiste ?
2 Madame Dubois habite-t-elle à côté de la place des Vosges ?
3 Pourquoi est-ce que tu travailles pendant les vacances ?
4 Qu'est-ce que vous aimez comme apéritif ?
5 Vous restez combien de temps à Madrid ?

B 1 Vous habitez où ? / Où est-ce que vous habitez ? / Où habitez-vous ? Où est-ce que tu habites ?
2 Quelle est votre profession ? / Quelle est ta profession ?
3 Nous avons rendez-vous au musée à quelle heure ? / À quelle heure est-ce que nous avons rendez-vous au musée ? / À quelle heure avons-nous rendez-vous au musée ?
4 Le sac noir sur la table est à qui ? / À qui est le sac noir sur la table ? / Le sac noir sur la table, à qui est-il ?
5 Elle parle combien de langues ? / Combien de langues est-ce qu'elle parle ? / Combien de langues parle-t-elle ?
6 Ils sont en vacances combien de temps ? / Combien de temps est-ce qu'ils sont en vacances ? / Combien de temps sont-ils en vacances ?
7 Pourquoi est-ce que vous apprenez le français ? / Pourquoi apprenez-vous le français ?
8 Monsieur Cordier est à la retraite depuis quand ? / Depuis quand est-ce que Monsieur Cordier est à la retraite ? / Monsieur Cordier, depuis quand est-il à la retraite ?

C 1 À quelle heure est-ce que vous arrivez à la gare samedi ? / À quelle heure arrivez-vous à la gare samedi ? / D'où arrivez-vous samedi à la gare ? / D'où est-ce que vous arrivez à la gare samedi ? / Quand est-ce que vous arrivez à la gare samedi ? / Quand arrivez-vous à la gare samedi ?
2 Pourquoi est-ce que tu ne vas pas au cours de yoga lundi soir ? / Pourquoi ne vas-tu pas au cours de yoga lundi soir ?
3 Combien de temps est-ce que les études de médecine durent en Allemagne ? / Les études de médecine en Allemagne, combien de temps durent-elles ?
4 Qu'est-ce qu'elle prépare comme desserts pour l'anniversaire de Léa ?
5 Où est-ce qu'on demande les formulaires pour l'inscription ? / Où demande-t-on les formulaires pour l'inscription? / À qui est-ce qu'on demande les formulaires pour l'inscription? / À qui demande-t-on les formulaires pour l'inscription?
6 Depuis quand est-ce que vous réservez vos vols sur Internet ? / Depuis quand réservez-vous vos vols sur Internet ? / Pourquoi est-ce que vous réservez vos vols sur Internet ?

Exercices 7

A 1 je ne veux plus de gâteau *oder* je ne veux plus rien
2 je ne vais pas souvent au cinéma *oder* je ne vais plus souvent au cinéma
3 je ne fume plus
4 je ne fais pas de régime *oder* je ne fais jamais de régime
5 je ne prends pas de médicaments *oder* je ne prends plus de médicaments
6 je ne pars pas à Barcelone en voiture
7 je ne fais pas de cours de russe
8 je n'ai pas rendez-vous avec Michel

B 1 ne ... ni ... ni *oder* ne ... pas ... ni 2 ne ... pas du tout 3 n'... personne 4 ne ... plus jamais 5 ne ... ni ... ni *oder* ne ... pas ... ni 6 ne ... plus jamais 7 ne ... plus

C 1 C'est quelqu'un qui ne mange jamais de viande.
2 C'est quelqu'un qui ne voit rien.
3 C'est quelqu'un qui ne sait ni lire ni écrire.
4 C'est quelqu'un qui n'arrive plus à dormir la nuit.
5 C'est quelqu'un qui ne veut jamais sortir de chez lui.
6 C'est quelqu'un qui ne se sépare pas de ses objets.
7 C'est quelqu'un qui ne dit pas la vérité.

Exercices 8

A 1 du 2 du 3 de la 4 de la 5 du 6 du 7 du 8 du 9 de la 10 de l'

B 1 du, de l', du 2 de la, Du, de la 3 du, de la, du 4 du, de la 5 du, de la 6 De la 7 du 8 de l', du

C 1 des 2 un 3 le 4 du 5 de la 6 du 7 des 8 une 9 la 10 les 11 un 12 de l'

D *Vorschläge:*
1 du charme, beaucoup de charme, de la volonté, de la mémoire, de l'humour, de l'assurance
2 de l'autorité, de l'assurance, du tact, de la volonté
3 de l'imagination, du goût, de l'humour
4 de l'assurance, de la volonté, du tact
5 du courage, de la mémoire, de l'autorité
6 du courage, de l'imagination, du tact, de l'humour
7 de l'humour, de l'imagination, du courage
8 de l'assurance, du courage, du tact

Exercices 9

A 1 ce 2 cet 3 ces 4 cette 5 ces 6 cette 7 ce 8 cette

B 1 maison 2 acteur 3 week-end 4 chocolats 5 région 6 appareil photo

C 1 celle 2 celui 3 ceux 4 celles 5 celui 6 celle 7 celui

D 1 ces, celles 2 cette, celle-ci *oder* celle-là 3 ces, celui 4 cette, celle 5 cette, celle 6 ces, celles, cette

Exercices 10

A 1 ans 2 enfants 3 grand-mère 4 chatte 5 hôtel 6 adresse 7 sœur 8 pays 9 examen 10 fille 11 anniversaire 12 série

B 1 tes, vos 2 ton, votre 3 ta, votre 4 ton, votre 5 tes, vos 6 ta, votre 7 tes, vos 8 ta, votre 9 ton, votre

C *Vorschläge:*
1 voiture, mienne 2 affaires, miennes 3 voisins, leurs 4 enfants, vôtres 5 résultats, tiens 6 télé, leur, leur 7 lunettes, tiennes *oder* clés, tiennes 8 mon manteau, le sien *oder* mon pull, le sien

Exercices 11

A

Infinitif	je	tu	il	nous	vous	ils
choisir	choisis	choisis	choisit	choisissons	choisissez	choisissent
vieillir	vieillis	vieillis	vieillit	vieillissons	vieillissez	vieillissent
partir	pars	pars	part	partons	partez	partent
dormir	dors	dors	dort	dormons	dormez	dorment
sortir	sors	sors	sort	sortons	sortez	sortent
attendre	attends	attends	attend	attendons	attendez	attendent
répondre	réponds	réponds	répond	répondons	répondez	répondent
dire	dis	dis	dit	disons	dites	disent
faire	fais	fais	fait	faisons	faites	font
lire	lis	lis	lit	lisons	lisez	lisent
vivre	vis	vis	vit	vivons	vivez	vivent
devoir	dois	dois	doit	devons	devez	doivent
pouvoir	peux	peux	peut	pouvons	pouvez	peuvent

B 1 Elles partent à Malte faire un cours d'anglais. *oder* Elles partent faire un cours d'anglais à Malte.
2 Nous découvrons le charme de la campagne en mai.
3 Qu'est-ce que vous faites cette année pour les vacances ?
4 Je prends souvent le bus direction Gare de Lyon.
5 Le cabinet médical ouvre à quelle heure ? *oder* À quelle heure ouvre le cabinet médical ?

C 1 pleut 2 mettez 3 vit 4 font 5 entends 6 offre 7 finissez 8 dit 9 réponds 10 ment

Exercices 12

A 1 M 2 C 3 E 4 A 5 O 6 K 7 D 8 F 9 P 10 B 11 H 12 G 13 N 14 J 15 I 16 L

B 1 différente 2 secs 3 bonne 4 contents 5 légère 6 intéressantes 7 dangereuse 8 amoureuse 9 belle 10 vieil 11 nouvelle 12 fraîche

C 1 Chère 2 cher 3 petite 4 postale 5 bon marché 6 sympas 7 nouveau 8 précises 9 sportives 10 culturelles 11 bonnes 12 contents *oder* content 13 Grosses

Exercices 13

A 1 plus 2 moins 3 plus 4 moins 5 plus 6 moins 7 meilleur 8 moins 9 plus 10 moins

B *Beispiel: Antoine est aussi grand que Charlotte ...*
Vorschläge:
1 Antoine est plus brun que Charlotte *oder* Charlotte est moins brune qu' Antoine.
2 Antoine est moins bavard que Charlotte *oder* Charlotte est plus bavarde qu'Antoine.
3 Antoine est plus intellectuel que Charlotte *oder* Charlotte est moins intellectuelle qu'Antoine.
4 Antoine est plus doué en langues que Charlotte *oder* Charlotte est moins douée en langues qu'Antoine.
5 Antoine est plus élégant que Charlotte *oder* Charlotte est moins élégante qu'Antoine.
6 Antoine est plus prudent que Charlotte en voiture *oder* Charlotte est moins prudente qu'Antoine en voiture.
7 Antoine est plus jeune / moins âgé que Charlotte *oder* Charlotte est moins jeune / plus âgée qu'Antoine.

C 1 meilleur 2 plus mauvaise *oder* moins bonne 3 meilleures 4 plus mauvaise *oder* moins bonne 5 meilleure 6 plus mauvais 7 moins mauvaise 8 pire 9 plus mauvaise *oder* moins bonne 10 pire, plus mauvaise *oder* moins bonne

Exercices 14

A 1 souvent 2 longtemps 3 déjà 4 très 5 déjà 6 trop vite 7 Avant maintenant 8 toujours

B Naturellement / Passionnément / Éternellement / Évidemment

C 1 fréquemment 2 couramment 3 facilement 4 poliment 5 constamment 6 clairement

D 2 activement 3 mieux 4 différemment 5 élégamment 6 gaiement 8 pire 9 patiemment 10 pratiquement 11 précisément 12 prudemment 13 rapidement 14 sérieusement 15 tranquillement

E *Vorschläge:* Il parle parfaitement anglais. Il répond gentiment aux questions de ses collègues *oder* Il parle gentiment à ses collègues. Il sait habilement négocier *oder* Il négocie habilement. Il formule intelligemment ses propositions. Il sait travailler efficacement *oder* Il travaille efficacement. Il sait expliquer patiemment *oder* Il explique patiemment un problème compliqué.

Exercices 15

A 1 Reposez-vous 2 Ne nous énervons pas 3 Excuse-toi 4 Ne nous dépêchons pas 5 Asseyez-vous 6 Ne t'inquiète pas 7 Exprimons-nous 8 Calmez-vous

B 1 viens *oder* venez 2 finis 3 asseyez-vous 4 invite 5 répare ton vélo *oder* répare-le 6 traduis-le *oder* traduis mon mail en anglais 7 invite 8 asseyez-vous

C 1 N'arrivez pas avec une heure de retard !
2 Ne commencez pas à manger sans attendre les autres invités !
3 Ne mangez pas avec vos doigts !
4 Ne faites pas de bruit en mangeant !
5 Ne vous servez pas à boire vous-même !
6 Ne partez pas avant la fin du repas !

Exercices 16

A 1 sera 2 viendrons 3 aura 4 offriront 5 pleuvra 6 enverrai 7 pourra 8 devrez

B 1 aura 2 comprendrai 3 sera 4 lirai 5 gagnerons

C 1 Le président américain sera en visite en Europe en mai.
2 Demain, il pleuvra et il fera froid sur la Bretagne.
3 Le prix de l'essence augmentera la semaine prochaine.
4 Bob Dylan chantera à Paris le 14 juillet.
5 Le prochain film avec Isabelle Huppert sortira bientôt sur nos écrans.

D *Vorschläge:* Je n'arriverai plus en retard. / J'irai un an à l'étranger. / J'arrêterai de fumer. / Je me marierai au mois de juin. / Je passerai mon permis de conduire. / J'apprendrai les verbes irréguliers en français. / Je changerai de travail. / Je rembourserai mes dettes.

Exercices 17

A 1 l' 2 les 3 l' 4 la 5 les 6 le 7 l'

B 1 les 2 la 3 le 4 les 5 la 6 la 7 les

C 1 ne l'ai pas encore demandé
2 ne les ai pas laissés au bureau
3 ne l'ai jamais oublié
4 ne l'ai pas réparé
5 ne les ai jamais aidés

Exercices 18

A 1 lui téléphone aujourd'hui 2 leur fais 3 lui envoie 4 leur donne

B 1 lui 2 lui 3 lui 4 leur 5 lui

C 1 t' 2 te 3 me 4 les 5 me 6 me 7 m' 8 nous

D 1 ne lui ont pas écrit pour Noël
2 ne leur a pas téléphoné
3 ne les ai pas laissés au bureau
4 ne leur avons pas menti

Exercices 19

A 1 me demande 2 nous levons 3 se lave 4 te souviens 5 s'occupent 6 vous intéressez 7 se mange 8 se prononce

B 1 s'est bien reposée
2 ne me suis pas souvenu(e)
3 s'est endormi
4 nous sommes réveillés
5 me suis dépêché *oder* dépêchée
6 vous êtes couché(e) *oder* couché(e)s

7 se sont bien vendus
8 s'est mariée

C 1 se sont souri 2 se sont rencontrés 3 s'est mal terminée 4 s'est généralisée 5 se sont battus 6 nous sommes téléphoné 7 ne se sont pas dit bonjour 8 ne s'est pas rasé

Exercices 20

A 1 viens de rencontrer
2 viens d'acheter
3 vient de s'apercevoir
4 venez de faire
5 venons de changer
6 vient de partir

B 1 va manger 2 vais faire 3 vont déménager 4 va prendre 5 allez rester 6 vont traverser

C 1 Où est-ce que vous allez partir en vacances cette année ?
2 Combien tu vas vendre ton appartement à Nice ?
3 Elle est en train de téléphoner sur son portable depuis une heure.
4 Les enfants viennent d'apprendre à nager.

D 1 viens de lui parler.
2 vais y aller cet hiver.
3 viens de le réserver.
4 vais les faire.
5 viens de la payer.
6 suis en train de m'en occuper.

Exercices 21

A 1 j'en ai acheté un kilo 2 j'en ai beaucoup 3 ils en achètent une fois par semaine 4 j'en mange deux 5 il en reste trois pots 6 je m'en occupe demain

B 1 j'y vais dans une heure 2 ils y sont pour un mois 3 j'y reste jusqu'à 6 heures 4 ils s'y intéressent beaucoup 5 je m'y habitue lentement 6 j'y réponds tout de suite

C 1 y 2 en 3 y 4 en 5 y 6 en 7 y 8 en

Exercices 22

A 1 J'ai cherché mes clés de voiture.
2 Elle a fini ses études.
3 Ils n'ont pas pris de vacances en mai.
4 Tu as mis les bagages dans le coffre ?
5 J'ai eu la grippe.
6 Il n'a pas été employé à la poste.
7 Elles ont répondu à cette question en anglais.

B 1 n'avez pas regardé 2 ai lu 3 avez fait 4 n'a jamais offert 5 a bu 6 ai attendu

C 1 ai travaillé 2 ai commencé 3 ai fini 4 n'ai jamais fait 5 ai participé 6 n'a rien décidé 7 n'ai pas déjeuné 8 ai mangé 9 ai bu 10 ai lu 11 ai fait 12 ai été

D 1 n'a rien fait 2 n'ont pas fonctionné 3 n'ai pas pu 4 n'a pas répondu 5 n'ai pas pris 6 n'ai pas reçu

Exercices 23

A 1 Elle est arrivée jeudi. 2 Nous sommes descendu(e)s du bus au premier arrêt.
3 Vous n'êtes plus passé(e) *oder* passé(e)s par Strasbourg au retour ?
4 Les touristes chinois sont montés en haut de la Tour Eiffel.
5 Je suis rentré(e) en taxi.
6 Elle n'est jamais sortie par la porte du jardin.
7 Ils sont retournés en Bretagne tous les ans.
8 Tu es resté(e) longtemps à Paris ?
9 Ils sont retournés à Londres lundi.
10 Elle est rentrée vers dix heures.

B Elle est partie du bureau à 19 heures. Elle est allée en métro au cinéma. Elle est entrée dans le cinéma, elle est montée dans la salle au premier étage, et là pas de chance, elle est tombée dans les escaliers. Mais elle n'est pas allée à l'hôpital.

C 1 es passé(e)
2 a descendu
3 est né, a vécu, est mort
4 sont entrés, ont fouillé, n'ont rien trouvé, sont repartis
5 sont arrivés, ont transporté
6 suis descendu(e)
7 ai rencontré, sont montées
8 n'as pas rentré

Exercices 24

A 1 tout 2 Toute 3 tout 4 tous 5 tout 6 toute 7 tout 8 toutes 9 tout 10 tous 11 toutes 12 tous 13 toutes 14 Tout

B 1 aucune 2 Aucun 3 Personne 4 aucune 5 personne 6 aucune 7 aucun 8 personne 9 aucune 10 aucun 11 aucune 12 aucun

C *Vorschläge:*
1 Toutes les jeunes filles rêvent d'amour.
2 Tous les journalistes sont curieux.
3 Tous les médecins ne sont pas indifférents au sort de leurs malades.
4 Toutes les actrices de cinéma n'ont pas appris à chanter ou à danser.
5 Tous les maris ne sont pas de bons cuisiniers.
6 Toutes les Allemandes ne font pas de jogging tous les jours.

Exercices 25

A 1 autre 2 mêmes 3 même 4 autre 5 même 6 autre

B 1 Certaines 2 chaque 3 Certains 4 Chaque 5 certains 6 certain 7 Chaque 8 certaine

C 1 quelque part 2 quelqu'un 3 quelque chose 4 quelqu'un 5 quelque part 6 quelque chose 7 quelque part 8 quelqu'un

D *Vorschläge:*
1 Oui, j'en ai plusieurs en Suède, quelques-uns en Espagne.
2 D'habitude j'en fais tous les jours, mais certains jours je n'ai pas le temps !
3 Non, je ne regarde jamais tous ces films violents de séries américaines, je regarde certains films et aussi quelques documentaires sur les pays exotiques.
4 Il y a plusieurs magasins mais je ne sais pas où ils sont.
5 Chaque jour je lis le Monde et quelques revues de la presse économique.

Exercices 26

A 1 en, à 2 au, à 3 à 4 au, en 5 aux, à 6 à

B 1 B dans 2 F sur 3 E dans 4 H sur 5 G chez 6 C sur 7 A en, à 8 D de

C 1 en, en, aux 2 contre 3 dans 4 sur 5 chez 6 en 7 dans 8 depuis 9 sous 10 à

D 1 C 2 D 3 B 4 E 5 F 6 A

Exercices 27

A 1 lui 2 t' 3 lui 4 me 5 leur 6 nous

B 1 Montrez-les nous !
2 Rends-le moi !
3 Donne-le moi !
4 Offre-la nous !
5 Racontez-la nous !
6 Parle-nous en !
7 Achète-la moi !
8 Envoie-la leur !
9 ne m'a pas raconté
10 les ai rencontrés à la fête
11 ne lui a pas donné son portable
12 lui ai parlé de mes nouveaux projets

C 1 ne leur en ont pas parlé
2 vous l'ai donné
3 vous les ai envoyées
4 ne me les a pas rendues
5 ne nous en ont pas offert *oder* ne m'en ont pas offert
6 le lui ai expliqué

Exercices 28

A 1 nous avons, j'avais 2 nous voulons, je voulais 3 nous disons, je disais 4 nous réfléchissons, je réfléchissais 5 nous prenons, je prenais 6 nous attendons, j'attendais 7 nous connaissons, je connaissais 8 nous buvons, je buvais 9 nous savons, je savais 10 nous venons, je venais 11 nous partons, je partais 12 nous dormons, je dormais 13 nous avançons, j'avançais 14 nous voyageons, je voyageais 15 nous pouvons, je pouvais 16 nous devons, je devais

B 1 je ne parlais pas russe
2 tu ne savais pas faire la cuisine
3 il ne comprenait pas le français
4 nous n'allions pas au théâtre
5 elle ne portait pas de bijoux
6 tu n'avais pas de portable

C 1 Non, avant je faisais du sport, maintenant je ne fais plus de sport.
2 Non, avant je prenais le tram, maintenant je ne prends plus le tram.
3 Non, avant je voyageais, maintenant je ne voyage plus.
4 Non, avant j'étais photographe, maintenant je ne suis plus photographe.
5 Non, avant je faisais de la politique, maintenant je ne fais plus de politique.

D *Vorschläge:* Quand j'étais petit, j'habitais à Lyon avec ma famille. Mes frères et sœurs aimaient beaucoup faire du sport, moi je n'aimais pas le sport, je préférais lire ! J'étais un petit garçon calme, pas très courageux, j'avais peur du noir. J'avais beaucoup de copains, on allait ensemble au cinéma le dimanche après-midi. J'aimais beaucoup les animaux, j'avais un chien qui s'appelait Milou. À l'époque, on allait à pied à l'école, il n'y avait pas encore de bus scolaire. On allait en vacances chez mes grands-parents qui habitaient à la campagne.

Exercices 29

A 1 Hier matin, j'avais la migraine, je ne suis pas allé *oder* allée travailler.
2 Il y a cinq ans, ils se sont séparés parce qu'ils ne s'aimaient plus.
3 Hier soir, comme il y avait une grève de métro, nous sommes rentrés *oder* rentrées à pied.
4 Dimanche dernier, comme il faisait beau temps, ils ont fait une balade à vélo.
5 L'année dernière, elles ne sont pas parties en vacances parce qu'elles n'avaient pas assez d'argent.
6 Aujourd'hui quand je suis sorti *oder* sortie de l'appartement, le voisin descendait les escaliers à toute vitesse.

B *richtige Antwort:* 1 allait 2 attendait 3 étaient 4 avons fait 5 sont arrivés 6 c'était

C 1 déjeunais, ai dû
2 passait, avons décidé
3 n'avais pas de voiture, prenais, ai vendu
4 ai oublié, s'est mis à, voulais, m'a prêté

Exercices 30

A 1 C 2 B 3 E 4 D 5 G 6 F 7 A

B 1 où 2 qui 3 que 4 qui 5 où 6 que 7 qui 8 qu'

C 1 ce qui, qui, qui, qui 2 que, que, qui 3 ce qu', ce qu', où 4 ce qui, qui 5 qui, qu', qui

Exercices 31

A 1 C dont 2 E dont 3 F dont 4 H dont 5 G dont 6 D dont 7 A dont 8 B dont

B 1 C 2 A 3 E 4 F 5 D 6 B

C 1 Ce jeune homme que j'ai rencontré hier soir au café est très sympathique.
2 Les enfants handicapés dont il est responsable n'ont plus de parents.
3 Sophie et Paul sont des amis que j'aime emmener faire du ski.
4 Le chien dont Léa a peur aboie très fort.
5 Léa est la nouvelle collègue de Jules dont il est amoureux.
6 Florence est une ville que je connais bien, j'y suis allé souvent.
7 Elle a un nom suédois dont je ne me souviens pas.
8 Elle a prononcé un discours qui est important pour sa carrière.

Exercices 32

A 1 avons mangées 2 avez vus 3 as écrites, sont restées 4 sont mariés 5 ai posées 6 ont tournés 7 sont revenus, ont achetés 8 a vendus

B Text 1: 1 ont voyagé 2 ont visité 3 ont découvertes 4 sont restées 5 ont revu
Text 2: 1 est née 2 a fait 3 est devenue 4 a exposé 5 a vendus
Text 3: 1 sont allées 2 ont marché 3 ont eu 4 sont tombées 5 ne sont pas montées 6 sont redescendues 7 ont abandonné

C 1 se sont promenées 2 nous sommes habillé(e)s 3 s'est réveillée 4 se sont procuré 5 ne se sont plus parlé 6 nous sommes mis

Exercices 33

A 1 Cette piscine a été construite par mon oncle dans le jardin en 1970.
2 Une centaine d'employés sera licenciée *oder* seront licenciés par cette entreprise le mois prochain.
3 Je suis intéressé(e) par cette proposition du directeur des ventes au Canada.
4 L'avion a été empêché par le mauvais temps de décoller à l'heure prévue.
5 L'importation de jouets fabriqués en Chine et contenant des substances toxiques sera interdite par l'Europe à la fin de l'année.
6 Des détectives ont été engagés par la direction du supermarché pour réduire les vols de marchandises.
7 Un prix spécial a été décerné par le jury à cet écrivain pour son œuvre poétique.

B 1 L'année prochaine, la ville construira un nouveau stade de foot.
2 La peur paralysait les témoins.
3 Le consulat russe vient d'accorder un visa de trois mois à ce jeune homme.
4 On doit *oder* il faut prendre ces médicaments trois fois par jour avant les repas.
5 Les enfants de l'école décoreront l'arbre de Noël.
6 Une voiture a renversé le cycliste au carrefour.

C *Vorschläge:* Sur la nationale N31, près de Montélimar, la Renault était conduite par Madame Sanceau. Madame Sanceau a été gênée par un motocycliste qui roulait devant elle. Madame Sanceau a été obligée de freiner brusquement. La moto a été percutée par Madame Sanceau. La voiture de Madame Sanceau a été endommagée par le choc violent. Police Secours a été immédiatement appelée. Madame Sanceau et le motocycliste ont été transportés à l'hôpital pour des examens. Quelques heures plus tard, ils ont été raccompagnés chez eux.

Exercices 34

A 1 devrait 2 aimeriez mieux 3 irait 4 aimerions mieux 5 voudrait 6 faudrait 7 serais 8 ferions mieux 9 auriez 10 pourrais

B 1 Si elle nous invitait, nous accepterions son invitation.
2 Si tu m'écrivais, je te répondrais tout de suite.
3 Si je partais à Moscou, j'apprendrais le russe.
4 Si ils déménageaient, on ne les verrait plus très souvent.
5 Si tu ne mangeais pas autant de chocolat, tu arrêterais de grossir !

C *Vorschläge:*
1 La visite du président américain en Europe pourrait être officiellement reportée pour raisons de santé.
2 Selon l'Automobile Club le prix de l'essence augmenterait dès le début des grandes vacances.
3 Selon une source officielle, l'introduction de deux langues vivantes dans le primaire deviendrait bientôt obligatoire.
4 Les excès de vitesse seraient à l'origine des accidents sur l'autoroute.

Exercices 35

A 1 s'était levée 2 étaient arrivés 3 étions venus 4 avaient compris 5 avais vu 6 m'étais couché(e) 7 étaient parties 8 aviez pu

B 1 je ne l'avais jamais visité 2 n'y étions jamais allés 3 n'en avais jamais mangé 4 ne l'avait jamais passé 5 n'en avais jamais fait 6 ne m'ont jamais contacté(e) 7 ne l'avait jamais invitée 8 ne l'avais jamais mise

C 1 nous y étions déjà allés avant 2 s'était déjà renseigné avant 3 j'y étais déjà allée avant 4 tu t'étais déjà trompé avant 5 elle en avait déjà reçu (une) avant 6 j'en avais déjà préparé d'autres avant

D 1 avait passé 2 était venue 3 avait rencontré 4 avait appris 5 étaient tombés amoureux 6 s'étaient mariés

Exercices 36

A 1 (1) ils ont eu (2) ils auraient eu 2 (1) elle a été (2) elle aurait été 3 (1) ça a été (2) ça aurait été 4 (1) il y a eu (2) il y aurait eu 5 (1) tu as pu (2) tu aurais pu 6 (1) nous sommes parti(e)s (2) nous serions parti(e)s 7 (1) j'ai pris (2) nous aurions pris 8 (1) il a voulu (2) il aurait voulu 9 (1) elle est partie (2) elle serait partie 10 (1) elle s'est couchée (2) elle se serait couchée 11 (1) vous avez envoyé (2) vous auriez envoyé 12 (1) nous avons fait (2) nous aurions fait

B 1 aurais perdu 2 me serai reposé(e) 3 aurait pris 4 n'aurions pas eu besoin 5 n'aurais pas dû 6 aurais eu 7 seriez revenu(e) 8 te serais préparé(e) 9 se serait terminée 10 serait parti

C 1 avais été, aurais fait 2 avions eu, ne serions pas arrivé(e)s 3 aviez téléphoné, j'aurais eu 4 j'avais appris, j'aurais trouvé 5 aviez parlé, auriez eu 6 j'avais choisi, serai parti(e) 7 t'étais marié, aurais vécu 8 avions raconté, aurait crus

Exercices 37

A 1 fassiez 2 soyons 3 ayez 4 puissions 5 sois 6 achetiez 7 aillent 8 finisse 9 attendiez 10 veuilles 11 sache 12 essayiez 13 aies 14 veuillez 15 puisse 16 ailles

B 1 Il faut que tu finisses ce travail aujourd'hui avant cinq heures. 2 Il faut que j'aille à la poste pour envoyer un paquet. 3 Il faut que vous fassiez les courses sans moi. 4 Il faut qu'il prenne le train très tôt direction Nantes. 5 Il faut que nous achetions une voiture à crédit. 6 Il faut que vous cherchiez ces informations sur Internet. 7 Il faut que tu saches à qui t'adresser pour ton visa. 8 Il faut que je puisse partir le week-end sans problèmes. 9 Il faut que nous attendions les résultats des analyses. 10 Il faut que vous choisissiez entre ces deux possibilités de financement.

C *Vorschläge:*
1 Il faut que je parle bien anglais pour pouvoir travailler avec des clients étrangers.
2 Oui, malheureusement il faut que je fasse de nombreux déplacements professionnels. *oder* Non, il ne faut pas que je voyage beaucoup, je fais tout par téléphone et par mail.
3 Non, il n'est pas utile que j'aille *oder* que je participe à toutes les réunions.
4 Non, il ne faut jamais que je prenne des décisions tout seul, je dois consulter mes collègues.
5 Non, je ne veux pas que mes collègues soient des amis parce que cela complique les choses.

Exercices 38

A 1 sois 2 puisse 3 ait 4 soit 5 ne puissiez pas 6 fasse 7 sachions 8 ait

B 1 Bien que nous soyons voisins, nous ne nous connaissons pas bien.
2 Bien qu'il n'ait pas de diplôme, il fait un travail bien payé.
3 Bien que vous parliez bien anglais, vous ne comprenez pas tout.
4 Bien qu'elle n'ait pas beaucoup d'argent, elle s'achète beaucoup de vêtements.
5 Bien que les critiques ne soient pas bonnes, on a quand même envie d'aller voir ce film.
6 Bien qu'il soit très timide, il a accepté cette invitation de Lucie.

C 1 aille 2 viennent 3 sois 4 vous décidiez 5 comprenne 6 ayons 7 aperçoive 8 puissent

Exercices 39

A 1 vous vous serez préparé(e)(s) 2 nous serons parti(e)s 3 vous aurez eu 4 nous aurons pu 5 tu auras prêté 6 vous aurez cherché 7 ils se seront occupés 8 j'aurai été 9 vous auriez prévenu 10 tu auras voulu 11 elle aura su 12 vous vous serez habillé(e)(s) 13 j'aurai fait 14 vous aurez installé 15 tu seras revenu(e) 16 nous aurons découvert

B 1 seront arrivés 2 auras fini 3 me serai rasé 4 aura installé 5 aurons déménagé 6 j'aurai terminé 7 aura acheté 8 te seras abonné(e) 9 aurons obtenu 10 seras revenu(e)

C 1 Dès qu'on aura pris l'apéritif, on se mettra à table.
2 Dès que tu auras rangé tes affaires, tu iras jouer avec tes copains.
3 Dès que je serai passé(e) à la pharmacie, j'irai faire les courses.
4 Dès qu'elle aura fait une sieste, elle continuera à travailler.
5 Dès que vous vous serez occupé(e) des enfants, vous ferez le ménage.
6 Dès qu'il sera rentré chez lui, il nous rejoindra au restaurant.

Exercices 40

A 1 qu'il fait beau temps 2 de fermer la porte 3 ce que tu préfères 4 qu'il est sorti avec Hélène 5 que la fête aura lieu dimanche prochain 6 pourquoi tu n'aimes pas ce film 7 ce qui te ferait plaisir

B 1 faisais du sport
2 qu'il ne venait jamais aux réunions de famille
3 qu'ils avaient envoyé de l'argent en Afrique
4 qu'elle était arrivée en retard
5 tu ne serais pas là demain au bureau
6 qu'il avait passé deux ans à l'étranger
7 qu'elle et moi ferions du ski le week-end prochain
8 qu'il avait vu Sylvie hier dans la rue devant le cinéma
9 qu'elle n'avait pas reçu de réponse
10 qu'il n'aurait pas fini son travail lundi

C Antoine a raconté qu'il était arrivé le matin à Londres, qu'il était allé directement à son hôtel, qu'après il avait fait une petite sieste, qu'il avait ensuite pris une douche, que vers trois heures il avait rencontré Sophie au musée et qu'ensuite il l'avait invitée au restaurant.

Bilan 1

A 1 l' le 2 le 3 les la 4 la 5 Les 6 le le 7 le 8 la

B 1 un 2 une 3 des 4 une 5 une 6 des 7 un 8 une

C 1 A ingénieur
2 pharmacien
3 C vendeuse
4 éducateur
5 E dentiste
6 informaticien
7 G bouchère
8 cuisinier

D 1 est 2 a 3 allons 4 est 5 as 6 sont 7 ai 8 allez 9 avez 10 es 11 sommes 12 vont 13 ont 14 as 15 avons

E 1 elles 2 moi 3 elle 4 lui 5 eux 6 toi

F 1 D 2 E 3 F 4 B 5 A 6 C

G 1 voyageons 2 achètes 3 préfère 4 payent *oder* paient 5 commençons 6 appelles 7 jetez 8 envoie 9 pèse 10 mangeons

H 1 moi *oder* nous 2 moi 3 vous 4 moi *oder* nous 5 moi 6 moi 7 nous

Bilan 2

A 1 Quelle est votre *oder* ta profession ? Qu'est-ce que vous faites *oder* qu'est-ce que tu fais dans la vie ?
2 Où est-ce qu'ils habitent *oder* Ils habitent où ? *oder* Où habitent-ils ?
3 À quelle heure est-ce que le TGV part de Strasbourg ? *oder* Le TGV part de Strasbourg à quelle heure ?
4 Combien de vélos est-ce qu'elle a ? *oder* Elle a combien de vélos ? *oder* Combien de vélos a-t-elle ?
5 Quand est-ce qu'ils vont à Barcelone ? *oder* Ils vont à Barcelone quand ? *oder* Quand vont-ils à Barcelone ?
6 Qu'est-ce que vous regardez souvent à la télé ?
7 Qui garde les enfants samedi soir ? *oder* Qui est-ce qui garde les enfants samedi soir ?
8 Quand est-ce que vous partez en vacances cette année ? *oder* Cette année vous partez en vacances quand ? *oder* Quand partez-vous en vacances cette année ?

B 1 de l' 2 du 3 du, du 4 de la, du 5 du 6 de la 7 du, du, de la 8 de la

C 1 ne fument plus
2 ne va jamais au restaurant
3 ne font jamais de sport
4 ne sait pas du tout faire la cuisine
5 ne parle ni anglais ni italien
6 ne s'excuse jamais

D 1 Ce, Son 2 Cette, Sa 3 Ce, Son 4 Ces, Ses 5 Cet, Son 6 Cette, Son 7 Ces, Ses 8 Cette, Sa 9 Cette, Son

E 1 habitez, B 2 aimes, A 3 a, B 4 vont, B 5 est, A 6 travaille, B

F 1 Mon 2 mes 3 tiennes 4 mes 5 mon 6 mes 7 ma 8 mon 9 tiennes 10 mon 11 mes 12 leur 13 leur 14 mon

Bilan 3

A 1 faites 2 dormez 3 vivez 4 pouvez 5 lisez 6 apprenez 7 réfléchissez 8 offrez 9 devez 10 voulez
A apprenons, voulons B ne vends plus C j'offre D faisons E ne sais pas F vivons G dois H réfléchit I lis J ne dors pas
1 D 2 J 3 F 4 E 5 I 6 A 7 H 8 C 9 G 10 B

B 1 intéressante 2 européens 3 heureuse 4 marron, bruns 5 belle, grosse, longues, conservatrice 6 nouvel 7 fraîches 8 dernière, super

C 1 Non, c'est le livre le moins facile à lire.
2 Non, ce sont les vols les plus chers.
3 Non, c'est la ville la moins intéressante de la région.
4 Non, c'est le médicament le plus fort.
5 Non, c'est l'acteur américain le moins connu.
6 Non, ce sont les collègues les moins sympathiques.

D 1 poliment 2 parfaitement 3 élégamment 4 patiemment 5 bien 6 mal

E 1 Eh bien, regarde-les !
2 Eh bien, prends-le !
3 Eh bien, accompagne-la !
4 Eh bien, téléphone-leur !
5 Eh bien, dis-lui la vérité *oder* Eh bien, dis-la-lui
6 Eh bien, réponds-y ! *oder* Réponds-lui !
7 Eh bien, utilise-les!
8 Eh bien, mets-en !

Bilan 4

A 1 seront 2 emploiera 3 devras 4 ne ferai pas 5 enverrez 6 pourra 7 faudra 8 finiront 9 ne vous ennuierez pas 10 n'irons pas 11 recevra 12 vaudra 13 saura 14 n'aurai pas

B arrivera, sera, ira, se rendront, organisera, seront, il y aura, parleront, feront, répondra, terminera, repartira

C 1 la 2 l' 3 les 4 l' 5 l' 6 le 7 les 8 les

D 1 lui 2 leur 3 leur 4 te 5 leur 6 lui 7 me 8 nous

E
1 me couche
2 ne me repose pas
3 nous intéressons
4 ne me maquille pas
5 me souviens
6 ne nous rencontrons pas
7 me dispute
8 m'habitue
9 ne me baigne pas
10 me prépare

F
1 viens de les inviter (à la fête)
2 allons en organiser une
3 viens de les faire
4 vais partir (y travailler)
5 viens de la lui envoyer *oder* viens de lui envoyer la facture

Bilan 5

A
1 n'en prends pas *oder* n'en prends jamais
2 sais y jouer
3 n'y ai pas répondu *oder* n'y ai pas encore répondu
4 j'en bois beaucoup *oder* j'en bois un litre / une bouteille usw. par jour
5 ne veulent pas y vivre
6 j'en prends *oder* j'en prends plusieurs par jour *oder* j'en prends deux par jour *usw.*
7 n'en mets pas *oder* n'en mets jamais
8 en faut *oder* en faut un peu *oder* en faut beaucoup
9 n'y participe pas
10 j'en fais *oder* j'en fais beaucoup *oder* j'en fais un peu *usw.*

B
1 On a mis une demi-heure en métro pour aller à la piscine.
2 Nous avons cherché un appartement dans le centre ville.
4 Au petit déjeuner elle a pris du café et des croissants.
5 Vous avez cru que *(hier imparfait Zeitenfolge)* c'était un document authentique ?
6 Ils ont écrit beaucoup de cartes postales en vacances.
7 Son dernier roman m'a plu beaucoup *oder* m'a beaucoup plu.

C
1 Il est devenu directeur de ce groupe en 2005.
2 Elle n'est pas descendue en voiture à Marseille à la fin du mois.
3 Cette fois, je ne suis pas venu tout seul à la réunion de famille en août.
4 Ils sont sortis du bureau vers huit heures du soir.
5 Tu n'es jamais monté *oder* montée à pied au deuxième étage ?
6 Pour aller à Toulouse nous sommes passés *oder* passées par le Massif central.

D 1 toute 2 tous *oder* toutes 3 toute 4 tout 5 toutes 6 toute 7 tout 8 tous

E *Lösung: es war Gunter Sachs*
1 est né
2 a passé
3 a fait des études
4 s'est intéressé
5 a eu
6 s'est marié
7 a ouvert
8 a découvert
9 est mort

F 1 aucun 2 Chaque 3 rien 4 même 5 aucune 6 autre 7 Personne 8 plusieurs 9 certains 10 personne

Bilan 6

A 1 sur 2 entre 3 devant 4 sous 5 chez 6 sur 7 derrière *oder* à côté de *oder* près de 8 Devant 9 sur *oder* dans 10 dans 11 sur 12 du

B 1 arrivait 2 venaient 3 partagions 4 fallait 5 faisait 6 pouvait 7 pleuvait 8 avions 9 ne nous ennuyions jamais 10 faisait beau 11 apprenaient 12 devions 13 raccompagnaient 14 donnait

C 1 j'ai commencé à
2 trouvais
3 n'était pas
4 j'ai eu
5 a changé
6 j'ai décidé
7 suis arrivé(e)
8 ne savais pas
9 me suis inscrit(e)
10 j'ai travaillé
11 suis rentré(e)
12 est arrivé
13 est entré
14 il y avait
15 avait
16 a demandé
17 travaillait
18 s'est mise à
19 est sortie
20 n'est pas revenue
21 s'est disputé
22 a refusé

D 1 A ils ne les trouvent plus B Leurs affaires, ils ne les ont plus trouvées.
2 A je le lui envoie par la poste B Son cadeau, je le lui ai envoyé par la poste.
3 A il faut les jeter B Ces vieilles photos, il a fallu les jeter.
4 A je la mets à côté de lui B Je l'ai mise à côté de lui.
5 A vous la lui racontez souvent B Cette histoire, vous la lui avez racontée souvent ?
6 A je ne la lui prête jamais B Je ne la lui ai jamais prêtée.

E 1 où 2 que 3 qui 4 ce qui 5 que 6 qui 7 où 8 qui 9 ce qu'

Bilan 7

A 1 à laquelle 2 dont 3 auxquelles 4 auquel 5 dont 6 à laquelle 7 dont 8 auxquelles 9 dont 10 auxquels 11 dont

B 1 faite 2 mises 3 pris 4 téléphoné 5 envoyée 6 corrigé 7 donné 8 venue 9 oublié

C 1 ferait 2 faudrait 3 devrais
4 ne l'achèterais pas

D 1 En 1634, l'Académie française est fondée par le cardinal Richelieu.
2 En 1863, le tableau de Monet *Le Déjeuner sur l'herbe* est exposé au Salon des Impressionnistes *oder Le Déjeuner sur l'herbe* est exposé par Monet au Salon des Impressionnistes en 1863.
3 En 1939, le premier festival de cinéma est organisé par la ville de Cannes.
4 En 1948, la première 2 CV est fabriquée par Renault.
5 En 1971, le droit de vote est accordé par l'État aux femmes suisses.
6 En 2018, la Coupe du monde sera organisée par la Russie.
7 En 2030, les besoins énergétiques de l'Europe seront couverts grâce à l'énergie solaire.

E 1 n'y étais jamais allé 2 avait vécu 3 avait eu 4 n'avait jamais pu

Bilan 8

A 1 devrais 2 auriez dû 3 j'aimerais 4 aurait aimé 5 aurait pu 6 pourrais 7 plairait 8 aurait plu 9 prendrais 10 aurais pris

B 1 apprennes 2 sois 3 finissiez 4 prenne 5 aille 6 fassent 7 attendiez 8 arrivions

C 1 aurez appris 2 serons arrivés 3 aurons compris 4 se sera terminée 5 aurons obtenu

D 1 pour que *oder* afin que 2 jusqu'à ce que
3 de manière à ce qu' 4 jusqu'à ce que
5 à condition que 6 afin qu' *oder* pour qu'
7 sans que 8 de manière à ce que

E *richtige Antwort:* 1 il y a 2 ce soit 3 viennes
4 fassions 5 réfléchisse 6 puissions
7 ne soit 8 conduise 9 ne soyez 10 fassent

F 1 savais jouer au tennis
2 qu'ils ne faisaient plus de grands voyages
3 qu'elle avait organisé une exposition de peinture
4 qu'ils seraient en retard
5 vous n'étiez pas allé en Bretagne l'année précédente
6 tu ferais une croisière avec nous *oder* que nous ferions une croisière avec toi l'été prochain

Verbtabellen

Allgemeine Anmerkungen

Um einen klaren benutzerfreundlichen Überblick zu geben, sind die Verben nicht nach den Kategorien regelmäßige bzw. unregelmäßige Verben geordnet, sondern nach ihren Endungen (-er, -ir, -re, -oir). Das Grundmuster zu der jeweiligen Kategorie wird als erstes konjugiert, danach folgt die Rubrik der besonderen Formen, in der die unregelmäßigen Verben mit * gekennzeichnet sind. Alle Konjugationen, die vom Grundmuster abweichen, sind grün markiert. Bei den Verben auf -oir gibt es kein Grundmuster. Die erste Person Singular je wird vor einem Vokal und stummem h zu j'.

Der Begriff *participe passé* (Partizip Perfekt) ist als *p.p.* abgekürzt. Sie finden das *participe passé* immer in der Spalte ***passé composé***.

Hilfsverben

Sie finden die Konjugation der Hilfsverben avoir (haben), être (sein) und aller (gehen) gleich am Anfang der Liste, da sie sehr häufig gebraucht werden.

Die Hilfsverben avoir und être werden in zusammengesetzten Zeiten (z. B. a vendu, avait vendu) vor dem Partizip Perfekt eines Verbs eingesetzt.

avoir *haben*	*p.p.* **eu**		
présent	**passé composé**	**imparfait**	**futur**
j'ai	j'ai eu	j'avais	j'aurai
tu as	tu as eu	tu avais	tu auras
il/elle/on a	il/elle/on a eu	il/elle/on avait	il/elle/on aura
nous avons	nous avons eu	nous avions	nous aurons
vous avez	vous avez eu	vous aviez	vous aurez
ils/elles ont	ils/elles ont eu	ils/elles avaient	ils/elles auront

être *sein*	*p.p.* **été**		
présent	**passé composé**	**imparfait**	**futur**
je suis	j'ai été	j'étais	je serai
tu es	tu as été	tu étais	tu seras
il/elle/on est	il/elle/on a été	il/elle/on était	il/elle/on sera
nous sommes	nous avons été	nous étions	nous serons
vous êtes	vous avez été	vous étiez	vous serez
ils/elles sont	ils/elles ont été	ils/elles étaient	ils/elles seront

Das Verb aller wird in der nahen Zukunft, dem *futur proche*, zum Hilfsverb.

***aller** *gehen*	*p.p.* **allé**		
présent	**passé composé**	**imparfait**	**futur**
je vais	je suis allé(e)	j'allais	j' irai
tu vas	tu es allé(e)	tu allais	tu iras
il/elle/on va	il/elle/on allé(e)(s)	il/elle/on allait	il/elle/on ira
nous allons	nous sommes allé(e)s	nous allions	nous irons
vous allez	vous êtes allé(e) vous êtes allé(e)s	vous alliez	vous irez
ils/elles vont	ils sont allés elles sont allées	ils/elles allaient	ils/elles iront

1. Verben auf -er

Grundmuster: aimer

aimer *mögen, lieben*	*p.p.* aimé		
présent	**passé composé**	**imparfait**	**futur**
j'aime	j'ai aimé	j'aimais	j'aimerai
tu aimes	tu as aimé	tu aimais	tu aimeras
il/elle/on aime	il/elle/on a aimé	il/elle/on aimait	il/elle/on aimera
nous aimons	nous avons aimé	nous aimions	nous aimerons
vous aimez	vous avez aimé	vous aimiez	vous aimerez
ils/elles aiment	ils/elles ont aimé	ils/elles aimaient	ils/elles aimeront

Besondere Verben auf -er

acheter *kaufen*	*p.p.* acheté		
présent	**passé composé**	**imparfait**	**futur**
j'achète	j'ai acheté	j'achetais	j'achèterai
tu achètes	tu as acheté	tu achetais	tu achèteras
il/elle/on achète	il/elle/on a acheté	il/elle/on achetait	il/elle/on achètera
nous achetons	nous avons acheté	nous achetions	nous achèterons
vous achetez	vous avez acheté	vous achetiez	vous achèterez
ils/elles achètent	ils/elles ont acheté	ils/elles achetaient	ils/elles achèteront

appeler *rufen*	*p.p.* appelé		
présent	**passé composé**	**imparfait**	**futur**
j'appelle	j'ai appelé	j'appelais	j'appellerai
tu appelles	tu as appelé	tu appelais	tu appelleras
il/elle/on appelle	il/elle/on a appelé	il/elle/on appelait	il/elle/on appellera
nous appelons	nous avons appelé	nous appelions	nous appellerons
vous appelez	vous avez appelé	vous appeliez	vous appellerez
ils/elles appellent	ils/elles ont appelé	ils/elles appelaient	ils/elles appelleront
Ebenso: **s'appeler** *heißen*			

commencer *anfangen*	*p.p.* commencé		
présent	**passé composé**	**imparfait**	**futur**
je commence	j'ai commencé	je commençais	je commencerai
tu commences	tu as commencé	tu commençais	tu commenceras
il/elle/on commence	il/elle/on a commencé	il/elle/on commençait	il/elle/on commencera
nous commençons	nous avons commencé	nous commencions	nous commencerons
vous commencez	vous avez commencé	vous commenciez	vous commencerez
ils/elles commencent	ils/elles ont commencé	ils/elles commençaient	ils/elles commenceront
Ebenso: **avancer** *vorwärtskommen*			

employer *beschäftigen*	*p.p.* employé		
présent	**passé composé**	**imparfait**	**futur**
j'emploie	j'ai employé	j'employais	j'emploierai
tu emploies	tu as employé	tu employais	tu emploieras
il/elle/on emploie	il/elle/on a employé	il/elle/on employait	il/elle/on emploiera
nous employons	nous avons employé	nous employions	nous emploierons
vous employez	vous avez employé	vous employiez	vous emploierez
ils/elles emploient	ils/elles ont employé	ils/elles employaient	ils/elles emploieront

* jeter *(weg)werfen*	*p.p.* jeté		
présent	**passé composé**	**imparfait**	**futur**
je jette	j'ai jeté	je jetais	je jetterai
tu jettes	tu as jeté	tu jetais	tu jetteras
il/elle/on jette	il/elle/on a jeté	il/elle/on jetait	il/elle/on jettera
nous jetons	nous avons jeté	nous jetions	nous jetterons
vous jetez	vous avez jeté	vous jetiez	vous jetterez
ils/elles jettent	ils/elles ont jeté	ils/elles jetaient	ils/elles jetteront

manger *essen*	*p.p.* mangé		
présent	**passé composé**	**imparfait**	**futur**
je mange	j'ai mangé	je mangeais	je mangerai
tu manges	tu as mangé	tu mangeais	tu mangeras
il/elle/on mange	il/elle/on a mangé	il/elle/on mangeait	il/elle/on mangera
nous mangeons	nous avons mangé	nous mangions	nous mangerons
vous mangez	vous avez mangé	vous mangiez	vous mangerez
ils/elles mangent	ils/elles ont mangé	ils/elles mangeaient	ils/elles mangeront

payer *bezahlen*	*p.p.* payé		
présent	**passé composé**	**imparfait**	**futur**
je paie / paye	j'ai payé	je payais	je paierai / payerai
tu paies /payes	tu as payé	tu payais	tu paieras / payeras
il/elle/on paie / paye	il/elle/on a payé	il/elle/on payait	il/elle/on paiera / payera
nous payons	nous avons payé	nous payions	nous paierons / payerons
vous payez	vous avez payé	vous payiez	vous paierez / payerez
ils/elles paient / payent	ils/elles ont payé	ils/elles payaient	ils/elles paieront / payeront
Ebenso: **essayer** *versuchen*			

préférer *vorziehen*	*p.p.* préféré		
présent	**passé composé**	**imparfait**	**futur**
je préfère	j'ai préféré	je préférais	je préférerai
tu préfères	tu as préféré	tu préférais	tu préféreras
il/elle/on préfère	il/elle/on a préféré	il/elle/on préférait	il/elle/on préférera
nous préférons	nous avons préféré	nous préférions	nous préférerons
vous préférez	vous avez préféré	vous préfériez	vous préférerez
ils/elles préfèrent	ils/elles ont préféré	ils/elles préféraient	ils/elles préféreront

protéger *(be)schützen*	*p.p.* protégé		
présent	**passé composé**	**imparfait**	**futur**
je protège	j'ai protégé	je protégeais	je protégerai
tu protèges	tu as protégé	tu protégeais	tu protégeras
il/elle/on protège	il/elle/on a protégé	il/elle/on protégeait	il/elle/on protégera
nous protégeons	nous avons protégé	nous protégions	nous protégerons
vous protégez	vous avez protégé	vous protégiez	vous protégerez
ils/elles protègent	ils/elles ont protégé	ils/elles protégeaient	ils/elles protégeront

2. Verben auf -ir
Grundmuster: choisir

choisir *aussuchen*	*p.p.* choisi		
présent	**passé composé**	**imparfait**	**futur**
je choisis	j'ai choisi	je choisissais	je choisirai
tu choisis	tu as choisi	tu choisissais	tu choisiras
il/elle/on choisit	il/elle/on a choisi	il/elle/on choisissait	il/elle/on choisira
nous choisissons	nous avons choisi	nous choisissions	nous choisirons
vous choisissez	vous avez choisi	vous choisissiez	vous choisirez
ils/elles choisissent	ils/elles ont choisi	ils/elles choisissaient	ils/elles choisiront

Besondere Verben auf -ir

offrir *schenken*	*p.p.* offert		
présent	**passé composé**	**imparfait**	**futur**
j'offre	j'ai offert	j'offrais	j'offrirai
tu offres	tu as offert	tu offrais	tu offriras
il/elle/on offre	il/elle/on a offert	il/elle/on offrait	il/elle/on offrira
nous offrons	nous avons offert	nous offrions	nous offrirons
vous offrez	vous avez offert	vous offriez	vous offrirez
ils/elles offrent	ils/elles ont offert	ils/elles offraient	ils/elles offriront
Ebenso: **découvrir** *entdecken*; **ouvrir** *aufmachen*			

partir *gehen*	*p.p.* parti		
présent	**passé composé**	**imparfait**	**futur**
je pars	je suis parti(e)	je partais	je partirai
tu pars	tu es parti(e)	tu partais	tu partiras
il/elle/on part	il/elle/on est parti(e)(s)	il/elle/on partait	il/elle/on partira
nous partons	nous sommes parti(e)s	nous partions	nous partirons
vous partez	vous êtes parti(e) vous êtes parti(e)s	vous partiez	vous partirez
ils/elles partent	ils/elles sont parti(e)s	ils/elles partaient	ils/elles partiront
Ebenso: **sortir** *ausgehen*			

venir *kommen*	*p.p.* venu		
présent	**passé composé**	**imparfait**	**futur**
je viens	je suis venu(e)	je venais	je viendrai
tu viens	tu es venu(e)	tu venais	tu viendras
il/elle/on vient	il/elle/on est venu(e)	il/elle/on venait	il/elle/on viendra
nous venons	nous sommes venu(e)s	nous venions	nous viendrons
vous venez	vous êtes venu(e) vous êtes venu(e)s	vous veniez	vous viendrez
ils/elles viennent	ils/elles sont venu(e)s	ils/elles venaient	ils/elles viendront
Ebenso: **tenir** *halten*; **revenir** *zurückkommen*			

3. Verben auf -re
Grundmuster: attendre

attendre *warten*	*p.p.* **attendu**		
présent	passé composé	imparfait	futur
j'attends	j'ai attendu	j'attendais	j'attendrai
tu attends	tu as attendu	tu attendais	tu attendras
il/elle/on attend	il/elle/on a attendu	il/elle/on attendait	il/elle/on attendra
nous attendons	nous avons attendu	nous attendions	nous attendrons
vous attendez	vous avez attendu	vous attendiez	vous attendrez
ils/elles attendent	ils/elles ont attendu	ils/elles attendaient	ils/elles attendront
Ebenso: **entendre** *hören;* **perdre** *verlieren;*	**rendre** *zurückgeben*		

Besondere Verben auf -re

* **boire** *trinken*	*p.p.* **bu**		
présent	passé composé	imparfait	futur
je bois	j'ai bu	je buvais	je boirai
tu bois	tu as bu	tu buvais	tu boiras
il/elle/on boit	il/elle/on a bu	il/elle/on buvait	il/elle/on boira
nous buvons	nous avons bu	nous buvions	nous boirons
vous buvez	vous avez bu	vous buviez	vous boirez
ils/elles boivent	ils/elles ont bu	ils/elles buvaient	ils/elles boiront

connaître *kennen*	*p.p.* **connu**		
présent	passé composé	imparfait	futur
je connais	j'ai connu	je connaissais	je connaîtrai
tu connais	tu as connu	tu connaissais	tu connaîtras
il/elle/on connaît	il/elle/on a connu	il/elle/on connaissait	il/elle/on connaîtra
nous connaissons	nous avons connu	nous connaissions	nous connaîtrons
vous connaissez	vous avez connu	vous connaissiez	vous connaîtrez
ils/elles connaissent	ils/elles ont connu	ils/elles connaissaient	ils/elles connaîtront

* **croire** *glauben*	*p.p.* **cru**		
présent	passé composé	imparfait	futur
je crois	j'ai cru	je croyais	je croirai
tu crois	tu as cru	tu croyais	tu croiras
il/elle/on croit	il/elle/on a cru	il/elle/on croyait	il/elle/on croira
nous croyons	nous avons cru	nous croyions	nous croirons
vous croyez	vous avez cru	vous croyiez	vous croirez
ils/elles croient	ils/elles ont cru	ils/elles croyaient	ils/elles croiront

* **dire** *sagen*	*p.p.* **dit**		
présent	passé composé	imparfait	futur
je dis	j'ai dit	je disais	je dirai
tu dis	tu as dit	tu disais	tu diras
il/elle/on dit	il/elle/on a dit	il/elle/on disait	il/elle/on dira
nous disons	nous avons dit	nous disions	nous dirons
vous dites	vous avez dit	vous disiez	vous direz
ils/elles disent	ils/elles ont dit	ils/elles disaient	ils/elles diront

***écrire** *schreiben*	*p.p.* **écrit**		
présent	**passé composé**	**imparfait**	**futur**
j'écris	j'ai écrit	j'écrivais	j'écrirai
tu écris	tu as écrit	tu écrivais	tu écriras
il/elle/on écrit	il/elle/on a écrit	il/elle/on écrivait	il/elle/on écrira
nous écrivons	nous avons écrit	nous écrivions	nous écrirons
vous écrivez	vous avez écrit	vous écriviez	vous écrirez
ils/elles écrivent	ils/elles ont écrit	ils/elles écrivaient	ils/elles écriront
Ebenso: décrire *beschreiben*			

***faire** *machen*	*p.p.* **fait**		
présent	**passé composé**	**imparfait**	**futur**
je fais	j'ai fait	je faisais	je ferai
tu fais	tu as fait	tu faisais	tu feras
il/elle/on fait	il/elle/on a fait	il/elle/on faisait	il/elle/on fera
nous faisons	nous avons fait	nous faisions	nous ferons
vous faites	vous avez fait	vous faisiez	vous ferez
ils/elles font	ils/elles ont fait	ils/elles faisaient	ils/elles feront

lire *lesen*	*p.p.* **lu**		
présent	**passé composé**	**imparfait**	**futur**
je lis	j'ai lu	je lisais	je lirai
tu lis	tu as lu	tu lisais	tu liras
il/elle/on lit	il/elle/on a lu	il/elle/on lisait	il/elle/on lira
nous lisons	nous avons lu	nous lisions	nous lirons
vous lisez	vous avez lu	vous lisiez	vous lirez
ils/elles lisent	ils/elles ont lu	ils/elles lisaient	ils/elles liront

* **mettre** *(hin)setzen, anziehen*	*p.p.* **mis**		
présent	**passé composé**	**imparfait**	**futur**
je mets	j'ai mis	je mettais	je mettrai
tu mets	tu as mis	tu mettais	tu mettras
il/elle/on met	il/elle/on a mis	il/elle/on mettait	il/elle/on mettra
nous mettons	nous avons mis	nous mettions	nous mettrons
vous mettez	vous avez mis	vous mettiez	vous mettrez
ils/elles mettent	ils/elles ont mis	ils/elles mettaient	ils/elles mettront

* **prendre** *nehmen*	*p.p.* **pris**		
présent	**passé composé**	**imparfait**	**futur**
je prends	j'ai pris	je prenais	je prendrai
tu prends	tu as pris	tu prenais	tu prendras
il/elle/on prend	il/elle/on a pris	il/elle/on prenait	il/elle/on prendra
nous prenons	nous avons pris	nous prenions	nous prendrons
vous prenez	vous avez pris	vous preniez	vous prendrez
ils/elles prennent	ils/elles ont pris	ils/elles prenaient	ils/elles prendront
Ebenso: **apprendre** *lernen*; **comprendre** *verstehen*			

vivre *leben*	*p.p.* **vécu**		
présent	passé composé	imparfait	futur
je vis	j'ai vécu	je vivais	je vivrai
tu vis	tu as vécu	tu vivais	tu vivras
il/elle/on vit	il/elle/on a vécu	il/elle/on vivait	il/elle/on vivra
nous vivons	nous avons vécu	nous vivions	nous vivrons
vous vivez	vous avez vécu	vous viviez	vous vivrez
ils/elles vivent	ils/elles ont vécu	ils/elles vivaient	ils/elles vivront

4. Verben auf -oir
Anmerkung: In dieser Kategorie gibt es kein Grundmuster.

* s'asseoir *sich setzen*	*p.p.* **assis**		
présent	passé composé	imparfait	futur
je m'assieds / assois	je me suis assis(e)	je m'asseyais / assoyais	je m'assiérai / assoirai
tu t'assieds / assois	tu t'es assis(e)	tu t'asseyais / assoyais	tu t'assiéras / assoiras
il/elle/on s'assied / assoit	il/elle/on s'est assis(e)(s)	il/elle/on s'asseyait / assoyait	il/elle/on s'assiéra / assoira
nous nous asseyons / assoyons	nous nous sommes assis(es)	nous nous asseyions / assoyions	nous nous assiérons / assoirons
vous vous asseyez / assoyons	vous vous êtes assis(e) vous vous êtes assis(es)	vous vous asseyiez / assoyiez	vous vous assiérez / assoirez
ils/elles s'asseyent / assoient	ils/elles se sont assis(es)	ils/elles s'asseyaient / assoyaient	ils/elles s'assiéront / assoiront

* devoir *sollen, müssen*	*p.p.* **dû**		
présent	passé composé	imparfait	futur
je dois	j'ai dû	je devais	je devrai
tu dois	tu as dû	tu devais	tu devras
il/elle/on doit	il/elle/on a dû	il/elle/on devait	il/elle/on devra
nous devons	nous avons dû	nous devions	nous devrons
vous devez	vous avez dû	vous deviez	vous devrez
ils/elles doivent	ils/elles ont dû	ils/elles devaient	ils/elles devront

* pouvoir *können*	*p.p.* **pu**		
présent	passé composé	imparfait	futur
je peux	j'ai pu	je pouvais	je pourrais
tu peux	tu as pu	tu pouvais	tu pourras
il/elle/on peut	il/elle/on a pu	il/elle/on pouvait	il/elle/on pourra
nous pouvons	nous avons pu	nous pouvions	nous pourrons
vous pouvez	vous avez pu	vous pouviez	vous pourrez
ils/elles peuvent	ils/elles ont pu	ils/elles pouvaient	ils/elles pourront

* mouvoir *bewegen*	*p.p.* **mû**		
présent	passé composé	imparfait	futur
je meus	j'ai mû	je mouvais	je mouvrai
tu meus	tu as mû	tu mouvais	tu mouvras
il/elle/on meut	il/elle/on a mû	il/elle/on mouvait	il/elle/on mouvra
nous mouvons	nous avons mû	nous mouvions	nous mouvrons
vous mouvez	vous avez mû	vous mouviez	vous mouvrez
ils/elles meuvent	ils/elles ont mû	ils/elles mouvaient	ils/elles mouvront

* recevoir *bekommen*	*p.p.* reçu		
présent	passé composé	imparfait	futur
je reçois	j'ai reçu	je recevais	je recevrai
tu reçois	tu as reçu	tu recevais	tu recevras
il/elle/on reçoit	il/elle/on a reçu	il/elle/on recevait	il/elle/on recevra
nous recevons	nous avons reçu	nous recevions	nous recevrons
vous recevez	vous avez reçu	vous receviez	vous recevrez
ils/elles reçoivent	ils/elles ont reçu	ils/elles recevaient	ils/elles recevront
Ebenso: **apercevoir** *erblicken*; **décevoir** *enttäuschen*			

* savoir *wissen*	*p.p.* su		
présent	passé composé	imparfait	futur
je sais	j'ai su	je savais	je saurai
tu sais	tu as su	tu savais	tu sauras
il/elle/on sait	il/elle/on a su	il/elle/on savait	il/elle/on saura
nous savons	nous avons su	nous savions	nous saurons
vous savez	vous avez su	vous saviez	vous saurez
ils/elles savent	ils/elles ont su	ils/elles savaient	ils/elles sauront

* voir *sehen*	*p.p.* vu		
présent	passé composé	imparfait	futur
je vois	j'ai vu	je voyais	je verrai
tu vois	tu as vu	tu voyais	tu verras
il/elle/on voit	il/elle/on a vu	il/elle/on voyait	il/elle/on verra
nous voyons	nous avons vu	nous voyions	nous verrons
vous voyez	vous avez vu	vous voyiez	vous verrez
ils/elles voient	ils/elles ont vu	ils/elles voyaient	ils/elles verront
Ebenso: **revoir** *wiedersehen*			

* vouloir *wollen*	*p.p.* voulu		
présent	passé composé	imparfait	futur
je veux	j'ai voulu	je voulais	je voudrai
tu veux	tu as voulu	tu voulais	tu voudras
il/elle/on veut	il/elle/on a voulu	il/elle/on voulait	il/elle/on voudra
nous voulons	nous avons voulu	nous voulions	nous voudrons
vous voulez	vous avez voulu	vous vouliez	vous voudrez
ils/elles veulent	ils/elles ont voulu	ils/elles voulaient	ils/elles voudront

Unpersönliche Verben auf -oir

infinitif	présent	passé composé	imparfait	futur
* falloir *müssen*	il faut	il a fallu	il fallait	il faudra
* pleuvoir *regnen*	il pleut	il a plu	il pleuvait	il pleuvra
* valoir *kosten* (*meist* il/ça)	il/ça vaut	il/ça a valu	il/ça valait	il/ça vaudra

Index A – Z

Hier finden Sie eine Liste mit grammatikalischen Begriffen auf Deutsch und Französisch. Diese Liste geht über das Inhaltsverzeichnis hinaus, weil sie alle Strukturen aufführt. Außerdem finden Sie Verweise auf einzelne Wörter, sowohl im Französischen als auch im Deutschen.

Damit man auf den ersten Blick erkennen kann, ob es sich bei den aufgeführten Begriffen um Strukturen oder Einzelwörter handelt, sind die Wörter ***fett kursiv*** gedruckt, wenn es sich um deutsche Bezeichnungen für Strukturen (z. B. ***Adjektiv***) und **fett** gedruckt, wenn es sich um französische Bezeichnungen für Strukturen (z. B. **futur proche**) handelt. Französische Stichwörter sind normal gedruckt (z. B. aller) und deutsche Stichwörter kursiv (z. B. *Berufsbezeichnungen*). Die Zahlen verweisen jeweils auf die Seitenzahlen im Buch.

Auf der Seite 125 finden Sie eine Gegenüberstellung von französischen und deutschen Begriffen, die in diesem Index verwendet werden.

S

T

U

V

W

Y

Z

Grammatikalische Begriffe (Übersicht)

französische Bezeichnung	lateinische/deutsche Bezeichnung	Beispiele
accord	Angleichung	un petit pays une petite maison des petites villes
adjectif	Adjektiv, Eigenschaftswort	un bon film
adjectif démonstratif	Demonstrativbegleiter	**ce** film, **cet** hôtel, **cette** région, **ces** lunettes
adjectif possessif	Possessivbegleiter	**mon** fils, **ma** fille, **mes** parents
adverbe	Adverb, Umstandswort	Tu vas **bien** ?
article défini	bestimmter Artikel	le, la, les
article indéfini	unbestimmter Artikel	un, une, des
article partitif	Teilungsartikel	du, de la, de l'
article contracté	zusammengezogener Artikel	Il va **au** musée. Il vient **du** musée.
auxiliaire	Hilfsverb	avoir, être
comparatif	Vergleich, Komparativ	Il est **plus grand qu'**elle.
complément d'objet direct	direktes Objekt	Il cherche **le journal**.
complément d'objet indirect	indirektes Objekt	Elle téléphone **à son amie**.
concordance des temps	Zeitenfolge	Je lavais la vaisselle quand il est arrivé.
conditionnel passé	Konditional II	**J'aurais aimé** partir à Tahiti.
conditionnel présent	Konditional I	On **pourrait** aller au cinéma.
conjugaison	Konjugation, Beugung	nous aim**ons**
conjonction	Konjunktion	et, ou, mais, que, parce que ...
discours indirect	indirekte Rede	Il te dit qu'il est fatigué.
expression de la quantité	Mengenangaben	Donnez-moi **un kilo de** tomates et **un paquet de** café !
féminin	weiblich, Femininum	la femme
futur antérieur	Futur II	Je viendrai quand j'**aurai fini**.
futur (simple)	Futur, *futur simple*	On **fera** un grand voyage.
futur proche	nahe Zukunft	Je **vais** l'**appeler** à 10 heures.
genre	Genus, Geschlecht	
impératif	Imperativ, Befehlsform	**Donnez-moi** ce sac !
imparfait	Imperfekt	C'**était** en hiver.
indéfinis	Indefinitbegleiter	**Tous** ses amis sont venus.
infinitif	Infinitiv, Grundform	chercher, finir, rendre, voir
interrogation	Fragesatz	Tu es allemande ? Es-tu allemande ? Est-ce que tu es allemande ?

Grammatikalische Begriffe (Übersicht)

französische Bezeichnung	lateinische/deutsche Bezeichnung	Beispiele
masculin	männlich, Maskulinum	le film
négation	Verneinung	Il ne part pas.
participe passé	Partizip Perfekt	cherché/fini/attendu
passé composé	Perfekt	J'ai cherché mes clés. Elle est arrivée.
passé récent	unmittelbare Vergangenheit	Je viens de manger.
passif	Passiv	Les amis sont invités aujourd'hui.
pluriel	Plural, Mehrzahl	les enfants, des tomates
adjectif possessif	Possessivbegleiter (adjektivisch)	mon sac, ma famille, mes amis
pronom possessif	Possessivbegleiter	C'est son sac ? Non, c'est le mien !
préposition	Präposition	avec, pour, sans ...
présent	Präsens	Le livre est bon.
pronom	Pronomen, Fürwort	J'aime le français.
pronom complément d'objet direct	direktes Objektpronomen	Je la regarde. Il me cherche. Il nous voit.
pronom complément d'objet indirect	indirektes Objektpronomen	Tu lui téléphones.
pronom démonstratif	Demonstrativpronomen	celui, celle, ceux, celles
pronom personnel (sujet)	(unbetontes) Personalpronomen	je, tu, il, elle, on, nous, vous, ils, elles
pronom personnel (tonique)	(betontes) Personalpronomen	moi, toi, lui, elle, nous, vous, eux, elles
pronoms relatifs	Relativpronomen	C'est l'homme que j'ai vu dans le train.
plus-que-parfait	Plusquamperfekt	Il avait acheté une voiture. Il était né en 1918.
radical	Stamm	attendons
relative	Relativsatz	C'est l'homme que j'aime.
singulier	Singular, Einzahl	un café, une rue
subjonctif	*subjonctif*	Il faut qu'il vienne.
subordonnée	Nebensatz	Elle ne sait pas que tu viens.
substantif	Substantiv	la gare
sujet	Subjekt	Marie boit un thé.
terminaison	Endung	attendons
verbe	Verb	chercher, finir, rendre, voir
verbe impersonnel	unpersönliches Verb	Il pleut. Il faut.
verbe pronominal	reflexives Verb	Comment tu t'appelles ? Marie.

Aussprache

Die französische Lautschrift

- Vokale

[a] *glace, voilà*
[ɑ] *pas, théâtre*
[ɛ] *merci, c'est, problème, être, faire* (sehr offenes «*e*»)
[e] *chez, école, travailler* (geschlossenes «*e*»)
[ə] *je, ne, le, qu'est-ce que* (stummes «*e*»)
[i] *vie, actif, pyjama*
[o] *vélo, eau, côté* (geschlossenes «*o*»)
[ɔ] *alors, comment* (offenes «*o*»)
[ø] *deux, peu* (geschlossenes «*ö*»)
[œ] *sœur, vendeur* (offenes «*ö*»)
[u] *vous, où*
[y] *une, sur*

- Halbvokale

[ɥ] *je suis, huit, cuisine*
[j] *bien, étudiant, travailler, fille*
[w] *moi, oui*

- Nasallaute

[ɑ̃] *enfant, chambre, exemple*
[ɔ̃] *bonjour, nom*
[ɛ̃] *un, bien, lundi, fin, terrain, sympa*

- Konsonanten

[b] *habiter*
[d] *dur*
[f] *français, photo*
[g] *cigarette, collègue*
[k] *cours, avec, qui, kir*
[l] *il*
[m] *mal*
[n] *non*
[ŋ] *camping*
[ɲ] *signer*
[p] *pardon, je m'appelle*
[r] *bonjour, rencontre*
[s] *salut, ça, bonsoir* (stimmloses «*s*»)
[z] *Mademoiselle, les‿enfants, six‿heures, zéro* (stimmhaftes «*s*»)
[ʃ] *chez, chocolat* (stimmloses «*sch*»)
[ʒ] *bonjour, âge, jus* (stimmhaftes «*sch*»)
[t] *très*
[v] *vous, arriver*

Anmerkungen

- Aussprache von *g*

Beispiel	Erklärung
gare, égoïste, légumes	Vor *-a, -o, -u* wird *g* wie [g] gesprochen.
génial, âge, région, technologie, garage	Vor *-e* und *-i* wird *g* wie [ʒ] gesprochen.
nous mangeons, nous rangeons	Soll ein *g* vor *-a* oder *-o* wie [ʒ] gesprochen werden, schreibt man *-ge-*.
baguette, guerre, guêpe, guérir, guichet, guide, guitare, guignol	Soll ein *g* vor *-e* oder *-i* wie [g] gesprochen werden, schreibt man *-gu-*.

- Aussprache von *c*

Beispiel	Erklärung
cadeau, collège, cuisine	Vor *-a, -o, -u* wird *c* wie [k] gesprochen.
c'est, centime, cinéma, cirque	Vor *-e* und *-i* wird *c* wie [s] gesprochen.
français, ça, garçon, leçon maçon, conçu	Soll ein *c* vor *-a* oder *-o* wie [s] gesprochen werden, erhält es eine „*cédille*": *-ç-*.

Aussprache

h muet und h aspiré

Im Französischen gibt es zwei h: das ***h muet*** (stummes h) und das ***h aspiré*** (behauchtes h). Beide werden nicht ausgesprochen. Französische Wörter, die mit h beginnen, werden so ausgesprochen, als würde das Wort mit dem folgenden Vokal beginnen: *habiter* [abite], *hôtel* [otɛl].

Trotzdem gibt es Unterschiede!

Ein ***h muet*** (stummes h) wird wie ein Vokal behandelt:

Beispiel	Erklärung
	Vor einem stummen *h*
l'homme, l'heure	– wird der bestimmte Artikel apostrophiert,
j'habite	– wird *je* apostrophiert,
mon‿histoire (weiblich)	– wird *mon*, nicht *ma*, verwendet,
cet‿homme	– wird *cet*, nicht *ce*, verwendet.

Ein ***h aspiré*** (behauchtes h) wird wie ein Konsonant behandelt:

Beispiel	Erklärung
	Vor einem behauchten *h*
le handball, le haricot, la Hollande, le huit août	– wird der bestimmte Artikel nicht apostrophiert,
les haricots, des haricots, ces haricots	– wird das *s* des vorangehenden Wortes nicht gebunden (keine *liaison*),
je hais, ils me haissent, se heurter	– werden Pronomen nicht apostrophiert.

Welches h behaucht und welches h stumm ist, können Sie im Wörterbuch nachsehen.

Die Bindung (*liaison*)

Um zu vermeiden, dass beim Aussprechen zwei Vokale zusammentreffen, wird im Französischen die *liaison* gemacht. Der Endkonsonant eines Wortes, der sonst stumm ist, wird ausgesprochen und mit dem Anfangsvokal des folgenden Wortes gebunden. Im Folgenden finden Sie die häufigsten Fälle der *liaison*.

Begleiter + Nomen
les‿ordinateurs [lezɔrdinatœr], *des‿aventures* [dezavɑ̃tyr], *des‿hôtels* [dezotɛl],
les‿habitudes [lezabityd], *les‿îles* [lezil], *un‿hôtel* [ɛ̃notɛl], *ces‿amies* [sezami],
mon‿ordinateur [mɔ̃nɔrdinatœr], *mes‿affaires* [mezafɛr], *leurs‿enfants* [lœrzɑ̃fɑ̃]

Adjektiv + Nomen
un petit‿ami [ɛ̃p(ə)titami], *des vieux‿amis* [devjøzami], *un bon‿élève* [ɛ̃bɔnelɛv],
des beaux‿animaux [debozanimo], *des beaux‿hôtels* [debozotɛl], *des bons‿élèves* [debɔ̃zelɛv],
des nouveaux‿appartements [denuvozapartəmɑ̃], *des nouvelles‿idées* [denuvɛlzide],
des nouveaux‿hôtels [denuvozotɛl]

Personalpronomen + Verb
on‿attend [ɔ̃natɑ̃], *nous‿aimons* [nuzemɔ̃], *il‿est* [ilɛ], *elle‿attend* [ɛlatɑ̃],
vous‿organisez [vuzɔrganize], *ils‿écoutent* [ilzekut],
elles‿embrassent [ɛlzɑ̃bras], *ils‿attendent* [ilzatɑ̃d]

Objektpronomen + Verb
je vous‿entends [ʒ(ə)vuzɑ̃tɑ̃], *il nous‿écoute* [ilnuzekut], *on les‿adore* [ɔ̃lezadɔr]